AF447081

TEATRO REUNIDO

MOISES MORÁN VEGA

Índice

Un grado

PERSONAJES:

Abuelo

Nieto - Abílio

Profesor

ACTO I

ESCENA I

(Un pequeño pueblo de pescadores. Atardeciendo. Un hombre de unos sesenta años está sentado escamando unos pescados en una de las playas del pueblo. Viste con una camisa blanca, unos pantalones que no le llegan a los tobillos y está descalzo. A su lado hay una cesta en la que mete los pescados después de limpiarlos.

Detrás hay una cabaña de madera, con el frontis pintado de varios colores, pero destaca el azul, un azul claro, como el del cielo, que cubre la mayor parte del frontis y de la puerta principal. El resto del frontis está pintado de otros colores, amarillo, rojo, verde y magenta. El acceso de la casa se hace por medio de una pequeña escalera de cuatro escalones de madera. De fondo se oye

el sonido de las olas rompiendo en la orilla.)

ABUELO: *(Mientras limpia un pescado.)* Sí, ya lo sé, ustedes no son de aquí. Solo hay que mirar los colores que tienen. ¡Cuánto colorido! Por aquí también tenemos peces de muchos colores, pero ustedes les ganan. (Silencio.) Que siiiií, lo sé, que son de Sudáfrica. ¡De Sudáfrica! ¡Quién me lo iba decir! Pues mira que hay que nadar para llegar hasta aquí, pero ustedes no han nadado mucho, ustedes ya son de aquí. Que siiiií, ustedes han nacido aquí. ¿Qué cómo lo sé? Porque junto con ustedes pesqué dos o tres alevines que dejé en libertad y esos no han nadado tanto. No hay que ser muy listo para llegar a esa conclusión. *(Se levanta, se acerca a la orilla, lava los pescados y los pone en la cesta. Se pone en cuclillas y se lava las manos. Se queda en esa posición mirando al mar, coge un poco de agua entre sus dos manos, se queda mirando cómo va cayendo el agua entre sus dedos hasta que no queda nada y vuelve a mirar al mar.)* ¿Y tú qué, no dices nada? Tú tienes mucho que decir. Tú que me has dado de comer desde que tengo uso de razón, que has curado mis heridas, que oíste mi primera declaración de amor, que me has visto llorar y reír. Sí, ¿serás tú que como un animal acorralado te rebelarás y me darás el zarpazo de muerte? *(Silencio.)* Ya, no te han dejado otro remedio. ¿Defensa propia? Sí, será defensa propia. Ya te has cansado de que te den palos, al final te acabas revirando como una morena que se siente acorralada y suelta el primer mordisco. Era cuestión de tiempo y ese tiempo ya ha comenzado. Nosotros no hemos sabido escuchar, no hemos sabido leer las señales y si las hemos leído, hemos mirado para otro lado.

ESCENA II

(Se acerca un adolescente de diecisiete años y se coloca junto al hombre. El hombre es su abuelo.)

ABUELO: Hola, Abílio. ¿Terminaste de estudiar?

ABÍLIO: Sí, abuelo. ¿Cómo fue la pesca?

ABUELO: Bien. Suficiente para cenar esta noche, cambiar algunos por algo de leche, pan y queso y vender otros.

(El abuelo va a coger la cesta con los pescados, pero su nieto se adelanta y la coge él. Caminan hacia la casa en silencio y se sientan en los escalones que dan a la puerta principal.)

ABÍLIO: ¿Te pasa algo, abuelo? Estás muy callado. ¿Estás enfermo?

(El abuelo no responde.)

ABÍLIO: ¿Abuelo? ¿Qué ocurre? ¿Quieres que llame a papá?

ABUELO: No me pasa nada, hijo. No estoy enfermo y no llames a nadie. Solo estoy un poco preocupado. La naturaleza es muy sabia y nos envía señales. Los pájaros dejan de cantar cuando presienten un huracán y los perros aúllan unos segundos antes de un terremoto. Los detalles son importantes y las señales también.

ABÍLIO: ¿De qué hablas abuelo? No te entiendo.

ABUELO: ¿Ves estos cinco pescados? (*Coge uno por la cola y se lo muestra a su nieto.*) Es la quinta vez que los pesco. Lo curioso es que estos no son de por aquí. Yo conozco muy bien a los peces de esta zona y a estos nunca los había pescado.

ABÍLIO: ¿No? ¿Y de dónde son?

(*El abuelo deja el pescado en la cesta.*)

ABUELO: Hasta hace unas semanas no lo sabía, pero el mes pasado subí al mercado de la capital y me llevé uno de los ejemplares secos. Cuando llegué al mercado me sorprendí porque encontré un puesto en el que había más de cincuenta a la venta. Pregunté al pescadero y me dijo que los estaban pescando por la zona desde hace meses y que son originales de los mares del sur.

ABÍLIO: ¿De los mares del sur?

ABUELO: Sí, el pescadero me dijo que antes de pescarlos aquí, los traían congelados y que procedían de las cofradías de Sudáfrica.

ABÍLIO: ¿Sudáfrica? Pero Sudáfrica está a más de dos mil kilómetros de aquí, abuelo. ¿Cómo puede ser eso? ¿Qué hace un pez del sur por estas costas? Eso no es normal.

(*El abuelo se queda en silencio sin quitar la mirada del horizonte.*)

ABUELO: No, no es normal, pero están aquí porque se sienten bien, principalmente por la temperatura del agua. Escucha, los peces están en continuo movimiento, pero hasta cierto punto. Con cada estación se van moviendo de un lugar a otro en busca de alimento o simplemente para reproducirse, pero siempre en función de la temperatura del mar. La temperatura es una frontera invisible, un muro que no suelen saltar.

ABÍLIO: (*Abílio se levanta y mira al horizonte.*) Nunca había pensado en eso, abuelo.

ABUELO: (*Habla despacio.*) Hasta ahora la temperatura de los mares del sur y las nuestras eran diferentes, pero...

ABÍLIO: ¿Qué me quieres decir, que la temperatura de los mares del sur y de nuestras playas es la misma?

ABUELO: Sí, Abílio. Eso mismo. Algo está cambiando sin darnos cuenta, por eso te digo de la importancia de las señales. En los pequeños detalles muchas veces están las respuestas.

ABÍLIO: ¿Y por qué está cambiando la temperatura del mar, abuelo?

ABUELO: Hace una semana volví a la capital. Quería saber por qué estos peces estaban por nuestras costas. Fui a la biblioteca a buscar información, me dieron el nombre de un profesor que es biólogo marino y que podía encontrarlo en la universidad. Fui hasta allí y hablé con él.

ESCENA III

(Se oscurece el escenario, se ilumina solo una parte y se ve a dos hombres junto a una mesa escritorio. Están en el despacho del profesor. Uno de ellos es el abuelo y el otro es el profesor. El abuelo está de pié y el profesor sentado. Sobre la mesa hay algunos libros, folios, bolígrafos y en una esquina hay un jarrón transparente con flores y detrás una estantería llena de libros.)

PROFESOR: ¿Para qué me quiere, amigo?

ABUELO: Solo quería hablar con usted, profesor, que me explicara qué le está pasando al mar. ¿Por qué estoy pescando peces del sur y que no deberían estar por estos mares?

PROFESOR: No le comprendo muy bien, ¿a qué se refiere?

ABUELO: ¿No ha oído lo que le he dicho? ¿Usted no es biólogo marino y experto en estos temas?

PROFESOR: Sí, soy biólogo marino, pero no entiendo muy bien qué quiere de mí.

ABUELO: Solo quiero una respuesta y hacer posible una explicación de por qué estoy pescando peces que deberían estar en Sudáfrica y están nadando y viviendo en nuestras costas.

PROFESOR: ¿Desde cuándo los está pescando?

ABUELO: Desde hace unos meses.

PROFESOR: Siéntese, amigo, siéntese. Voy a intentar explicárselo, pero el tema del cambio climático es muy largo y no tengo mucho tiempo. Tengo una clase en media hora. Podríamos quedar otro día y se lo explicaría con más detenimiento.

ABUELO: Como usted podrá suponer, vengo de un pueblo de la costa y le aseguro que no le voy a robar mucho tiempo. Hágame un resumen.

PROFESOR: (*El profesor se levanta. Está inquieto y camina de un lado a otro de la habitación.*) Los peces que usted pesca en nuestras costas están ahí porque la temperatura del mar está subiendo y sube porque también está subiendo la temperatura de la tierra. No sé si me entiende

ABUELO: (*Molesto.*) ¡Claro que lo entiendo! No tengo estudios universitarios como usted, pero he leído mucho y lo que me dice no explica por qué están esos peces en nuestras costas.

PROFESOR: (*Se sienta.*) La tierra se calienta por el efecto invernadero que se produce por la contaminación, sobre todo de las industrias y de los coches de los países industrializados que siguen utilizando las energías fósiles para mantener sus economías a flote.

ABUELO: Ahora sí me he perdido, amigo. ¡Qué tienen que ver las industrias y los coches con los peces! Sigue usted dando rodeos. ¡Vaya al grano!

PROFESOR: (*Se vuelve a levantar y mira su reloj de pulsera.*)

¿Usted se ha paseado por nuestra pequeña ciudad?

ABUELO: Sí, claro.

PROFESOR: ¿Se ha dado cuenta de la cantidad de coches que

hay?

ABUELO: (*El abuelo asiente. Levanta la voz.*) ¡Claro que me

doy cuenta! ¡Los malditos coches están por todos lados! Cuando

yo era joven no había tantos y ahora parecen una maldita plaga de

moscas.

PROFESOR: Pues multiplique por varios millones esa cifra y

tendrá una idea aproximada de lo que le estoy diciendo, súmele

todas y cada una de las industrias de todos los países

industrializados y tendrá un cóctel explosivo.

ABUELO: (*El abuelo hace un gesto de no entender nada.*)

¿Multiplicar? ¡Yo no estoy para multiplicar! Solo quiero saber lo

de los peces. ¿Me entiende, profesor?

PROFESOR: Sí, sé que es complicado hacerse una idea. Le

voy a poner un ejemplo gráfico para que lo vea con claridad. (*El

profesor coge el florero, le quita las flores y las pone encima de un* *folio. Coge una pluma que tiene en el bolsillo de su camiseta, la desmonta, saca el cartucho de tinta y echa una pequeña gota en el agua del florero que oscurece un poco.*) Imagine que la tierra es esta jarra de agua y esta pequeña gota de tinta es la contaminación que hace veinte años la tierra soportaba. Si nos hubiéramos mantenido en estos índices, no hubiera pasado nada, pero (*Aprieta el cartucho y esta vez echa cinco gotas de tinta y el agua se queda casi negra.*), hemos seguido aumentando los niveles de contaminación, multiplicando por cinco las emisiones y la tierra no la puede absorber. (*Vuelve a apretar y echa cinco gotas más y el agua de la jarra se queda completamente negra.*) Si no paramos, en veinte años, la tierra no podrá soportar más y entrará en colapso.

ABUELO: (*Molesto.*) El ejemplo está muy bien, muy gráfico. Ya he entendido lo de la contaminación, lo de las industrias y lo de los coches, pero todavía no me ha explicado por qué se calienta el mar. ¿Tan complicado es?

(*Silencio.*)

PROFESOR: (*El profesor vuelve a mirar su reloj de pulsera, coge las flores y las va a meter en el florero, pero se da cuenta de* *que no puede meterlas porque el agua está completamente negra y las vuelve a poner encima de los folios.*) A eso iba ahora, el mar actúa como un gran termostato natural e intenta contrarrestar esa subida de la temperatura de la tierra, calentándose. Recuerde que el setenta por ciento de nuestro planeta está cubierto por agua y que un altísimo porcentaje de esa agua, es agua del mar.

ABUELO: Ahhh, ahora lo entiendo, ¿por qué no empezó por ahí?

PROFESOR: Porque siempre hay que empezar por el principio, amigo. Los principios son importantes para entender los finales.

ABUELO: Pero, cuando habla de colapso, ¿a qué se refiere?

PROFESOR: Me refiero a que, dentro de algunos años, si no se toman medidas drásticas para evitar el calentamiento de la tierra, la temperatura del agua subirá, los polos se derretirán, el nivel de las aguas subirá y muchas zonas costeras se las tragará el mar, por ejemplo, a los pueblos costeros de nuestras islas. Con el tiempo no quedará ninguno y habrá que añadir a ese cóctel a los huracanes, que se alimentan del agua caliente y llegarán a zonas que nunca habían llegado.

(*El abuelo se levanta despacio, coge la jarra que está totalmente negra, la levanta hasta dejarla a la altura de sus ojos, la examina, la vuelve a poner en la mesa y camina hacia un lado del escenario, dándole la espalda al profesor.*)

ABUELO: ¿Y nosotros qué podemos hacer? ¿Podemos tomar alguna medida para detener ese colapso? ¿Porque podremos hacer algo, no?

PROFESOR: ¿Nosotros? Nada, amigo, no podemos hacer nada. Solo esperar a que los países más industrializados se den cuenta de que tienen que parar, pero mucho me temo que no se hará nada. Ya ha habido intentos internacionales, con acuerdos que nunca se han cumplido. Los países no están dispuestos a que sus economías se paralicen por un problema que no ven a corto plazo. Lo que pasará dentro de veinte o treinta años no le importa a nadie. Usted ya sabe como es el ser humano

ABUELO: (*Se da la vuelta, se acerca al profesor y se sienta.*) A mí sí me importa y mucho. Yo vivo en un pueblo costero. Ya se lo dije antes. Vivo en Santa Bárbara.

PROFESOR: Lo conozco, creo recordar que he estado en dos o tres ocasiones. Un pueblo encantador. Lo más que me llamó la atención fueron los colores de las casas. Un pueblo con mucho color.

ABUELO: Sí, no sé si lo sabe, pero cada color representa a una familia y cuando un miembro de la familia se independiza, tiene que mantener el color de la familia en la parte central de su casa y luego puede pintarla como se quiera. Así, de un solo vistazo, sabemos quién es cada quién en Santa Bárbara. (*Silencio largo. El abuelo se levanta, mira al público y sigue hablando.*) Y ahora usted me dice que mi pueblo desaparecerá, que lo engullirá el mar, ese fiel amigo que nos ha dado de comer tantos años o que un terrible huracán lo devastará, arrancando las casas de cuajo.

(*El profesor se levanta y se coloca al lado del abuelo.*)

PROFESOR: No vale la pena preocuparse por los asuntos que no podemos controlar. Ya se lo dije antes, parar el cambio climático no está en nuestros manos. Nosotros podemos hacer pequeños actos simbólicos, presionar de mil maneras posibles, apretarles las tuercas a nuestros gobernantes, pero al final los que tienen que tomar medidas drásticas son los gobiernos. Y no olvide que tenemos que vivir el presente, que es lo que importa; el pasado no sirve para nada y el futuro tampoco.

ABUELO: Lo que usted me dice no me tranquiliza. Es como saber, de antemano, que un rayo te alcanzará y te partirá por la mitad, pero no sabes cuándo, solo que algún día ocurrirá. Es una sensación angustiosa.

PROFESOR: Sí, pero quizás el ser humano entre en razón y pare esta locura.

ABUELO: ¿Usted lo cree?

PROFESOR: Sinceramente, no, no lo creo, hay demasiados intereses económicos en juego y la economía siempre ha sido más importante que el medio ambiente.

ABUELO: Gracias, profesor, no le quito más tiempo.

(*Suena una alarma en el despacho. El profesor se acerca a un pequeño reloj digital de color negro, lo toca y la alarma se detiene.*)

PROFESOR: Justo a tiempo. Espero haberle aclarado el asunto del mar y los peces.

ABUELO: Sí, sí lo ha hecho, aunque no me gusta nada el panorama que me ha pintado.

PROFESOR: A mí tampoco, amigo, a mí tampoco.

ESCENA IV

(*El escenario se oscurece, se vuelve a iluminar poco a poco y vuelven a estar Abílio y su abuelo en escena.*)

ABUELO: Eso fue todo lo que me explicó.

ABÍLIO: ¿Qué estás diciendo, abuelo? Eso son locuras. Además, nosotros no tenemos ni industrias ni coches. A nosotros eso no nos afectará. Nuestro pueblo seguirá donde está. No se lo tragará el mar, ni tampoco lo destrozará un huracán.

ABUELO: Es cierto, Abílio, nosotros no producimos el CO2, pero ese humo mortal es como el humo de una hoguera, que sube y se traslada de un lugar a otro sin que nadie lo detenga. El calentamiento global se está produciendo a miles de kilómetros de aquí. La contaminación no tiene fronteras, pasa de un continente a otro, por eso lo llaman calentamiento global.

ABÍLIO: Eso no es justo, abuelo. ¿Qué culpa tenemos de lo que está pasando a miles de kilómetros de aquí?

ABUELO: Ya sé que no es justo, pero es una realidad que está delante de nosotros y que tenemos que afrontarla de una u otra manera.

ABÍLIO: (*Se levanta y levanta un poco la voz.*) ¿Por qué tenemos que pagar los platos rotos de un problema que no producimos? ¿Por qué?

ABUELO: Así ha sido siempre y así seguirá siendo. Nuestro continente jamás le ha importado a nadie. Lo que nos ocurra ni les preocupa ni les ocupa. Somos el último mono de la colonia, ese que a quién nadie importa y que todos desprecian.

ABÍLIO: Pero, algo podremos hacer, ¿no? Movilizarnos, protestar para proteger a nuestras playas, y a nuestro pueblo. (*Grita.*) ¡No podemos permitir que destruyan nuestra manera de vivir!

ABUELO: No es tan fácil, hijo, no es tan fácil. El mundo de más allá de nuestras fronteras es diferente y nada tiene que ver con el nuestro. Ellos solo se preocupan de sus asuntos y nuestros problemas son como el murmullo de las moscas.

ABÍLIO: Podemos ir a la capital y exponer el problema a nuestros gobernantes. Ellos sabrán qué hacer, abuelo.

(*El abuelo se levanta despacio y coge la cesta de los pescados.*)

ABUELO: ¿Nuestros gobernantes? Esos son otra banda de mafiosos que solo se preocupan de sus negocios y nuestros problemas les importan bien poco. Menos se van a preocupar por algo que ocurrirá dentro de quince o veinte años. Los políticos solo se preocupan cómo van a llenar sus bolsillos.

ABÍLIO: Pero, abuelo, no podemos permanecer con las manos cruzadas esperando que el mar engulla a nuestro poblado y que desaparezca para siempre.

ABUELO: Nosotros no podemos hacer nada, solo esperar. Los países industrializados han mirado para otro lado, solo les importa su economía y no han respetado ninguno de los acuerdos para detener el cambio climático que han sido un fracaso.

ABÍLIO: ¿Un fracaso?

ABUELO: Sí, un fracaso, busqué información en la biblioteca y encontré el acuerdo a que se refería el profesor, aquel acuerdo, se llamaba Protocolo de Kioto, que ninguno cumplió.

ABÍLIO: Pero, ¿cómo puede ser eso, abuelo? ¿Cómo se puede firmar algo para no cumplirlo? La palabra dada es importante, pero más cuando hay un documento firmado. ¡Este mundo está loco!

ABUELO: Así somos los humanos, Abílio, así somos y así nos ha ido a lo largo de la historia. Ya lo dijo el profesor, no lo cumplieron porque pesaban más los intereses económicos y comerciales que los medioambientales, hijo. Es lo único que importa, pero no le des más vueltas. (*Se acerca a su nieto y le pone la mano por encima.*) Vamos que tengo que intercambiar estos peces por algo de comida. Esta es una realidad que tampoco puede esperar.

ACTO II

ESCENA I

(Diez años después. Misma playa. El abuelo está sentado en un escalón de su casa. Junto a él está un hombre de mediana edad. Es el profesor. Los dos miran al mar. A un lado hay una pequeña mesa, con una cafetera solar y varias tasas.)

ABUELO: Al final tenías razón, profesor. Tus predicciones se cumplieron al pié de la letra. Mira a tu alrededor, solo ha quedado la devastación.

PROFESOR: Sí, el ser humano no ve más allá de sus narices, abuelo. Yo pensaba que iban a tomar conciencia, sobre todo después del segundo acuerdo que firmaron China y los Estados Unidos, pero al final se quedó en agua de borrajas.

ABUELO: Yo también lo creía, pero al final se echaron atrás. Sus economías son más importantes y ahora, ya los ves, los dos polos se han derretido como un helado en un día caluroso. *(Silencio.)* ¿Quieres un café? Esta cafetera solar hace un café estupendo. Un regalo de mi nieto Abílio.

PROFESOR: Sí, ponme un café. La tarde está estupenda para disfrutar de un café. No hace viento y el mar está como nunca lo había visto.

(*El abuelo se levanta y prepara el café.*)

ABUELO: ¿A qué has venido, profesor?

PROFESOR: A saber, de ti, amigo. Me preocupé mucho cuando supe del huracán y más cuando dieron la noticia de que Santa Bárbara había sido arrasada por las lluvias, el viento y las olas.

(*Silencio largo. El abuelo sirve el café en las tasas. Le entrega uno al profesor y él coge el suyo y se sienta.*)

ABUELO: El huracán se llevó las pocas casas que quedaban en pié. El mar ya había hecho su trabajo. La mayor parte de las casas se las tragó. Desde aquellos días en que hablamos, sabes que no ha dejado de subir y más cuando los dos polos desaparecieron.

PROFESOR: (*Después de un buche de café.*) ¿Por qué no te trasladas a la ciudad? He hablado con un amigo que tiene una residencia de ancianos. Allí estarías bien. La semana pasada la visité y no está nada mal. Sencilla, sin muchos lujos, pero limpia y tranquila.

(*El abuelo se toma el café y deja la taza sobre la mesa.*)

ABUELO: Te preocupas mucho por mí, pero yo estoy muy bien aquí, profesor. Tengo todo lo que necesito. ¡Qué mejor que este lugar para morir!

(*El profesor se termina su café. Se levanta y deja la taza sobre la mesa.*)

PROFESOR: Aquí ya no queda nadie, amigo. Solo tienes que echar un vistazo. (*Señala a su alrededor.*) Por lo menos en la residencia estarías atendido. Solo tienes que decir que sí.

ABUELO: No me voy a ir a ninguna residencia. De aquí me sacan con los pies por delante.

PROFESOR: ¿Y qué dice tu familia?

ABUELO: Mi familia me quiere llevar a Portugal. Hoy precisamente llega mi nieto Abílio.

PROFESOR: ¿Y qué vas a hacer?

ABUELO: Creo que sabes la respuesta, profesor.

(Abílio *entra en escena. Se queda un momento observando, se acerca a su abuelo, lo saluda y con un movimiento leve de cabeza, saluda al profesor.*)

ABÍLIO: Buenas tardes, abuelo.

ABUELO: Abílio, hijo, pensé que ibas a llegar por la mañana ¿Cuándo has llegado?

ABÍLIO: Esta mañana llegué a la capital y cogí un transporte particular porque se me escapó el último tren.

ABUELO: ¿Tren? ¿Ya tenemos tren?

ABÍLIO: Sí, ya tenemos tren.

ABUELO: Este mundo va demasiado rápido para mi, hijo, demasiado rápido. Te presento al profesor De Sousa. No sé si lo recuerdas.

ABÍLIO: Sí, recuerda que lo tuve en primero de carrera y hablamos alguna vez de ti.

(*Abílio y el profesor se saludan en silencio.*)

ABUELO: ¿Qué tal tus estudios?

ABÍLIO: Bien, terminando las conclusiones del trabajo final del máster sobre el cambio climático.

ABUELO: ¿Te sirvieron mis anotaciones sobre el calentamiento del agua y la subida del mar en nuestra playa?

ABÍLIO: Sí, me sirvieron de mucho. Un trabajo de campo impagable que me permitió realizar un trabajo excelente. Siempre me he preguntado por qué empezaste a tomar la temperatura del agua y a medir hasta dónde llegaba el mar.

ABUELO: ¿Recuerdas la historia de los peces?

ABÍLIO: Sí, la recuerdo, abuelo, perfectamente, como si fuera ayer. Cómo olvidarla.

ABUELO: En aquella ocasión te dije que los detalles son importantes y también las señales. Siempre he sido un hombre curioso y quería saber qué estaba ocurriendo en mi playa y en mi mar. Simplemente por curiosidad. Quería comprobar si el profesor no se equivocaba, si lo que me contaba eran cuentos chinos. Sin embargo, no se equivocó.

PROFESOR: Soy testigo de ello. Cada cierto tiempo venía a visitarme y me mostraba los detalles de sus anotaciones. Con ellas yo también viví, de primera mano, lo que estaba sucediendo en el planeta y cómo se cumplían los peores presagios.

ABÍLIO: Sé que hizo un artículo sobre el cambio climático y sus consecuencias tomando como base esas anotaciones. Lo tengo en la bibliografía de mi trabajo de fin de máster. (*Silencio largo.*) Han pasado diez años y los datos le dan la razón. La especie humana no es capaz de proteger el planeta y ni intentar detener lo que parece imparable. El cambio climático ya está aquí y ha llegado para quedarse.

ABUELO: Así somos los seres humanos. A muchos solo les importa el aquí y el ahora. No quieren mirar más allá y no quieren oír los gritos de nuestro planeta. ¿Quieres un café, hijo? Queda una taza.

ABÍLIO: Sí, abuelo, me vendría muy bien un café, pero no te levantes. Yo me lo sirvo. (*Abílio coge la cafetera, llena la taza de café y bebe un buche.*) ¿Esta no es la cafetera que te regalé hace cinco años?

ABUELO: Esa misma es. El mejor regalo que me han hecho en mucho tiempo. Sabes que sin café no soy persona.

(*Abílio termina el café y deja la taza sobre la mesa.*)

ABÍLIO: ¿Qué le trae por aquí, profesor?

(*El profesor mira al abuelo, luego se gira y mira al mar.*)

PROFESOR: Estaba preocupado por tu abuelo. Vine a saber cómo le iba después del huracán. Las noticias no eran muy buenas y me decidí a venir.

ABÍLIO: Gracias, profesor. Le agradezco su preocupación. Pocos harían lo que usted ha hecho.

ABUELO: Ya ves, hijo, todo el mundo se preocupa por el bienestar de tu abuelo, pero como puedes comprobar estoy muy bien. No necesito nada ni a nadie. Solo necesito a mi cafetera para hacer un buen café.

(*Los tres se quedan en silencio. El profesor sonríe con las ocurrencias del abuelo. Abílio permanece serio.*)

ABÍLIO: ¿De verdad que no necesitas nada, abuelo? ¿Ya no sales a pescar?

ABUELO: ¿A pescar? No, ya no, Abílio. El último temporal destrozó nuestro embarcadero. Hay que ser muy valiente y muy joven para hacerse a la mar y yo no soy ni lo uno ni lo otro, hijo.

Además, se llevó por delante la mayoría de nuestras barcas de pesca. Las destrozó como si fueran de paja. La mía la pude reparar, para salir con los días de muy buena mar. Nuestra playa, ya no es nuestra playa. (*Silencio largo. Se levanta y se acerca a su nieto y le pone la mano por encima.*) ¿Te has fijado hasta dónde llega el mar? Sí, hasta las mismas puertas de nuestras casas. Pronto tendremos que trasladarnos unos metros más atrás y algún día tendremos que irnos hacia el interior porque será imposible vivir aquí.

ABÍLIO: Sabes que te puedes venir conmigo a Lisboa. Papá, mamá y Marieta están muy bien allí y están deseando que te vengas con nosotros.

(*El abuelo sonríe y le coge la mano a su nieto.*)

ABUELO: Ya lo sé, hijo, ya lo sé, pero yo nací aquí y aquí quiero morir.

ABÍLIO: Abuelo, pero en el pueblo ya no queda nadie, solo tú. Todos se han ido.

ABUELO: No hace falta que me lo digas. Tengo ojos y oídos y sé que ya no queda nadie. El último temporal fue el ultimátum; el viento huracanado y el mar embravecido fueron sus cartas de presentación. Él se encargó de gritármelo al oído.

ABÍLIO: Entonces, ¿a qué esperas? ¿A que una ola te arrastre mar adentro y te engulla para siempre?

(*Silencio.*)

ABUELO: Sería una digna salida para un viejo al que ya no le queda nada, que viniera una ola gigante, me levantara y que me arrastrara mar adentro como ha hecho con este pueblo.

PROFESOR: (*El profesor se acerca al abuelo.*) No seas cabezota. Tu nieto tiene razón. Aquí ya no queda nada. Si no quieres irte con ellos, acepta mi propuesta.

ABÍLIO: (*Molesto.*) ¿Qué propuesta es esa?

PROFESOR: Tengo un amigo en la ciudad que tiene una residencia de ancianos. Está todo hablado. Solo tiene que venirse conmigo.

ABUELO: (*Incrédulo.*) ¿Has oído, Abílio? Yo, en una residencia de ancianos.

(*Abílio se acerca al profesor y le da la mano.*)

ABÍLIO: (*Muy serio.*) Le agradezco su interés, profesor, pero mi abuelo tiene familia. No vamos a permitir que pase sus últimos días en una residencia de ancianos. Eso se queda para los ancianos que están solos en el mundo.

PROFESOR: (*Preocupado.*) Perdona, Abílio, si me he metido donde no me llaman. Se lo propuse porque pensaba que estaba solo, pero ya veo que no. Yo tampoco lo permitiría. La familia tiene que proteger a los suyos. (*El profesor mira su reloj de pulsera.*) Yo me tengo que ir. Quiero coger la autopista antes de que anochezca. (*Se acerca al abuelo y le coge la mano.*) Haz caso a tu nieto y vete con él a Portugal. Aquí ya no hay nada que hacer, amigo.

ABUELO: Gracias por la preocupación y por la visita. Siempre has sido un gran tipo. Lo supe desde que te vi por primera vez, un poco cabezota, pero un buen tipo.

(*El profesor le da la mano a Abílio y se lo lleva a un rincón del porche.*)

PROFESOR: Suerte, Abílio, y trata de convencerlo. Tu abuelo ya no tiene edad para estar en este pueblo de fantasmas.

ABÍLIO: Ya lo sé, profesor, por esa razón estoy aquí. No se preocupe, lo convenceré.

(*Se quedan en escena Abílio y su abuelo. Abílio se queda mirando hacia el mar.*)

ABÍLIO: Abuelo, sé que para ti es difícil dejar esta tierra; para mí también lo fue y también lo ha sido para papá, mamá y Marieta. Nosotros también amamos estas playas, pero mira a tu alrededor, (*con tristeza*), ya no queda nada. Ya ni siquiera podemos caminar por la playa, ya no podemos salir a pescar, ni tumbarnos en la arena a mirar las estrellas en las noches cálidas del verano.

ABUELO: Ya sé que para tu padre fue difícil. Lo conozco bien. Él es como yo, aunque no lo quiera reconocer y sé que decidió irse por ti y por Marieta. Aquí no había futuro y ni tampoco lo hay hoy. Yo hubiera hecho lo mismo que tu padre, hubiera cogido las maletas, los tres mil euros del gobierno y hubiera dejado estas playas para siempre. Sin embargo, yo no tengo a quién proteger.

(*Silencio.*)

ABÍLIO: Ahora nos toca a nosotros hacer esa labor.

ABUELO: ¿Protegerme? No necesito protección. Siempre me he valido por mí mismo. No necesito a nadie que me cuide.

ABÍLIO: (*Casi gritando y enfadado.*) ¡Abuelo, sé que siempre has sido autónomo! Todos los sabemos, pero no se trata de eso. Sé que ahora no necesitas ayuda. Siempre has sido un hombre fuerte, pero llegará un día en que la necesitarás y ese día nos gustaría estar a tu lado.

ABUELO: Cuando mis piernas no puedan con mi cuerpo, me arrastraré como una serpiente hacia el mar y él hará su trabajo; siempre lo hace. No quiero ser un lastre para nadie.

ABÍLIO: (*Se da la vuelta y eleva la voz.*) ¡No eres un lastre, abuelo! ¡Quítate esa maldita idea de la cabeza! Contéstame a una pregunta, ¿quién cuidó a mí bisabuelo? ¿Dime? ¿Quién? ¿Quién estuvo más de seis meses con sus días y sus noches atendiéndolo? Tú, abuelo, tú, porque sentías la necesidad de entregar parte de lo que él hizo por ti.

(*Silencio.*)

ABUELO: Aquello fue diferente. Mi padre estaba gravemente enfermo y no había nadie que quisiera ocuparse de él.

ABÍLIO: Sí que lo había. Mi padre me lo contó todo y conozco la historia de cabo a rabo, abuelo. Sé que tú no estás enfermo, pero este pueblo sí. No queremos que se convierta en tu ataúd. No olvides que en esta familia siempre hemos cuidado de los nuestros.

(El abuelo se levanta y se pone junto a su nieto.)

ABUELO: Tengo ochenta y nueve años y he vivido aquí desde que respiro, Abílio. No me veo viviendo en otro lugar que no sea este. ¿Me comprendes, hijo? Sé que si voy a Lisboa me iré apagando como la llama de una vela a la que no le queda cera.

ABÍLIO: Te comprendo, abuelo, pero tú también tienes que entendernos a nosotros. (*Suena el teléfono de Abílio y contesta. El abuelo se vuelve a sentar.*) No te escucho muy bien, papá. Aquí la cobertura es muy mala. Sí, el abuelo está muy bien. ¿El pueblo? El mar está llegando a las casas, la playa ha desaparecido y el embarcadero también. No, no queda nadie. Solo el abuelo. Todos se han ido. Sí, ya se lo dije, pero no quiere entrar en razón. Dice que en Lisboa se morirá, que quiere morir dónde nació y que tú lo comprenderías. No, papá, haré todo lo posible por llevarlo conmigo. ¡Vale! (*Eleva la voz enfadado.*) ¡No me lo repitas más! No me iré sin él. Sí, te paso con él. (*Se dirige al abuelo, le entrega el teléfono.*) Es tu hijo, quiere hablar contigo.

ABUELO: Hola, hijo. ¿Cómo te va por Europa? ¿Bien? ¿Y no echas de menos esto? Ya sé que sí, pero tú has sido siempre muy responsable y lo primero son tus hijos. ¿Sabes? Te esperaba a ti en vez de a mi nieto. Ya, ya, claro, el trabajo es importante y es lo primero. Sé como están las cosas, oigo la radio y también veo la televisión. Este mundo ha cambiado mucho, hijo. El que tiene un trabajo tiene que darle gracias a Dios. No, no hace falta que vengas. (*Silencio.*) Ya te lo dijo Abílio. Ya no hay pueblo. El mar está a las puertas de mi casa. ¿Tú casa? Recuerdo perfectamente dónde estaba. Sí, se la llevó el último temporal, pero no solo a la tuya, a la mayoría. El mar las arrancó como si fueran de paja. Nunca había visto a el mar tan bravo y tan furioso. Las olas eran de ocho o nueve metros y los vientos parecían querer arrancar la tierra. ¡Claro que sí, mi casa aguantó, aunque tuve que reforzar el techo! Los huracanes nunca nos habían visitado, este ha sido el primero.

¿Cómo lo llamaron? ¿Wanda? No lo recuerdo. Esto es hacerse viejo, no acordarse de lo cotidiano. Antes se quedaban en el centro del atlántico, pero ahora, con el calentamiento de nuestras aguas, ya tienen el alimento que necesitan y vienen hacia aquí. Sí, he leído mucho sobre el tema. ¿Un experto? No llego a eso, pero algo sé. El profesor me recomendó muchos libros. ¿Cómo que qué profesor? Aquel que me explicó todo este tema del cambio climático. Ese, sí, ese. Tú estás peor que yo, hijo. ¿Sabes? Hoy estuvo por aquí. El profesor, hijo, el profesor y me propuso que me instalara en una residencia de ancianos de la ciudad. ¡Ya sé que tengo una familia!, pero el pobre lo propuso con buena intención. Pensaba que estaba solo en el mundo. Solo de pensarlo me da la risa. ¡Yo en una residencia de ancianos! (*Se ríe.*) No, ya no salgo a pescar porque no es seguro. Sí, como bien con lo que saco del huerto que tengo detrás de la casa. Sí, el dinero me llega a principio de mes. Me lo trae el cartero. Es un buen tipo, además le dejo una buena propina. Claro, hay que ser generosos. No me moriré de hambre, hijo. No te preocupes tanto por mí. ¿Irme con Abílio? Sí, sí, sé que es muy importante para ti. (*Sube el tono de voz.*) ¡Ya sé que no quieres dejarme solo! ¡No me hables de enfermedades! ¡Sé la edad que tengo y que estoy solo! ¡No me digas lo que ya sé! Para mí no es tan fácil. Mi vida está en este pueblo y a estas alturas de mi vida no quiero cambiar. Ya le dije a Abílio que me quiero morir aquí. Esta es mi tierra y aquí quiero que me entierren. Sí, hijo, sé que te preocupas por mí. Te prometo que me lo pensaré. Ya te dije antes que no hace falta que vengas. Ya está aquí tu hijo. ¡No me repitas que es importante! Adiós, hijo. (*Le entrega el teléfono a su nieto.*)

ABÍLIO: Sí, papá, (*baja la voz para que su abuelo no lo oiga.*) haré todo lo posible por llevármelo conmigo, pero no te prometo nada. (*Corta la llamada y guarda el teléfono en el bolsillo.*)

ABUELO: Tu padre siempre ha sido muy cabezota. Cuando se le mete algo en la cabeza no hay quién se la saque.

ABÍLIO: Pero no olvides lo que dice el refrán «Hijo de gato, caza ratones.» y tú no eres muy razonable que digamos. Solo hay que oírte.

ABUELO: Tengo mis razones.

ABÍLIO: ¿Tus razones? ¿Cuáles, abuelo? Siempre he creído que eras un hombre que se guiaba por el sentido común.

ABUELO: En muchas ocasiones las razones no tienen porqué ser razonables, comprensibles y compartidas. Muchas veces las razones son huérfanas del sentido común o ¿tú nunca has tomado una decisión en contra de lo que dicta ese sentido? No siempre uno más uno son dos, a veces son tres o cinco.

ABÍLIO: Sí, en alguna ocasión he tomado decisiones llevándome por mi instinto, sin tener en cuenta factores que me decían que estaba equivocado.

ABUELO: ¿Y te equivocaste con tu decisión?

ABÍLIO: No, pero en tu caso es diferente, abuelo. Las razones son tangibles. Solo tienes que echarle un vistazo a tu alrededor. (*Mira a un lado y a otro.*) Aquí solo quiere quedarse la desolación.

ABUELO: En eso no te falta razón, hijo, aquí ya no me queda nada. Ustedes, que eran lo más importante, también se han ido. Sin embargo, algo dentro de mí me dice que me quede, que mi sitio está aquí y que aquí debo permanecer. Ya sabes la edad que tengo, una edad en la que tienes un pie y medio en el otro mundo. Yo comprendo tu interés y también el interés de tu padre porque me vaya contigo a Lisboa, pero creo que no me iré de aquí.

(*Abílio camina hacia el final del porche y contempla el horizonte en silencio.*)

ABÍLIO: Me gustaría dormir un poco, abuelo. Mañana será otro día, lo volveremos a discutir y quizás veas tu partida desde otro punto de vista.

ABUELO: Sí, será lo mejor, pero antes de dormir cenaremos algo de ensalada y unos cangrejos frescos. De estos no los comerás en Lisboa.

ABÍLIO: Ya lo sé, abuelo, los cangrejos de nuestro pueblo son únicos y más cuando los haces tú.

(*Se oscurece el escenario poco a poco, como si oscureciera hasta que se queda totalmente oscuro. De fondo se oye el sonido del mar.*)

ESCENA IV

(*Abílio aparece en escena. Mira su reloj y luego al horizonte. Está amaneciendo. Se despereza y se estira. Se sienta y se queda durante unos minutos mirando el horizonte, contemplando cómo el Sol se levanta por el este. Después se levanta y da un paseo por el porche hasta que se encuentra una hoja de papel con una piedra encima en el primer escalón de la casa. La recoge y comienza a leerla mientras el día amanece. Se oye la voz en off del abuelo.)*

ABUELO: Buenos días, hijo, cuando estés leyendo esta carta ya estaré descansando para siempre. Ya era hora. Un día leí que los viejos indios americanos, cuando ya se consideraban una carga para los suyos, se iban al desierto en verano o a las altas montañas en invierno a dejarse morir.

ABÍLIO: (*Abílio baja la mano derecha donde tiene la carta, cierra con fuerza la mano izquierda, tanto que le tiembla todo el cuerpo, al tiempo que también aprieta con fuerza las mandíbulas y se interrumpe la voz en off.*) No, no, no, tú no eras una carga, abuelo. Tú, no, había venido a buscarte para llevarte conmigo y que pasaras tus últimos días con nosotros. ¡Maldita sea, abuelo! Siempre has hecho lo que has querido.

(*Abílio levanta la carta, sigue leyendo y se vuelve a oír la voz en off.*)

ABUELO: Pero como sabes, yo no tengo desiertos, ni montañas heladas, pero tengo el mar. Hoy me levanté a las cinco de la mañana, me senté en el porche y lo contemplé. Estaba tan en calma como pocas veces lo he visto. Las olas rompían en la orilla como si no quisieran despertarnos, tan tranquilo como un gato perezoso, y entonces lo vi claro, Abílio, tan claro que no lo dudé un instante. Ahí estaba mi barca, ahí estaba el mar y aquí estaba yo. Arrastré la barca hasta la orilla, me subí en ella y contemplé el mar. El mar y yo, Abílio, dos viejos amantes que nunca se han dejado de querer y que, desde hace unos años, toca a mi puerta para decirme que es hora de partir, de dejar atrás lo que conozco y dejarme llevar. Cuando me quise dar cuenta estaba en medio del mar. Pensé en dejarme llevar e irme en silencio, pero en ese momento comprendí que no podía irme así. Así que remé hasta la orilla y escribí esta carta. No, no es fácil tomar esta decisión. Es doloroso, muy doloroso.

ABÍLIO: (*Se sienta en uno de los escalones, baja la carta y llora.*) No, abuelo, no es fácil, pero me hubiera gustado que te hubieras despedido. ¡Maldita, sea, ¿por qué lo has hecho?

(*Levanta la carta, sigue leyendo y se oye la voz en off del abuelo.*)

ABUELO: Doloroso porque dejo atrás a lo que más quiero, que no son estas playas, ni este mar, ni siquiera mi casa, es doloroso porque los dejo a ustedes, Abílio. (*Abílio vuelve a bajar la carta y llora desconsolado. Al poco sigue leyendo.*) Ustedes son lo que más he querido, junto con mi Marieta. A ella también la quise mucho y ya es hora que me reúna con ella. Sí, hijo, es hora de partir. Si no lo hiciera como pienso hacerlo, jamás me hubiera ido; sería incapaz de despedirme de ti y me hubiera ido contigo a Portugal. Sin embargo, es ley de vida, tengo que irme, no quiero ser una carga para nadie y menos para ustedes. Soy como ese viejo indio americano que sabe que su tiempo se cumplió, que ya no tiene nada que hacer en el mundo de los vivos y que sabe que ya tiene que irse.

No estén tristes con mi partida, siempre viví la vida que quise vivir y siempre fui feliz, aunque en estos últimos años no tanto y menos después del último huracán que fue cuando me quedé solo porque todos se fueron. Ahí supe que mis días en este mundo se estaban terminando, que era cuestión de tiempo y ese tiempo ha llegado. Nunca te lo dije, pero cuando pasó el huracán, cuando todo estaba en silencio y solo había destrucción, recordé a los peces sudafricanos, esa señal, ese detalle que puso el cronómetro en marcha y nunca supimos parar. Nos vencieron, Abílio, nos vencieron. Ellos nos echaron de nuestro mar, de nuestras playas y de nuestra isla.

Ya ves, ya me estoy desviando de lo importante, Abílio, y lo importante es que no puedo irme con ustedes, si me hubiera ido me hubiera muerto como un pajarito al que le falta el aire y moriría de tristeza. Sabes que mi sitio está aquí, en este pueblo, en estas playas que me vieron nacer y que me verán morir. Despídeme de tu padre, de tu madre y también de tu hermana Marieta. Adiós, Abílio, el mar me está esperando desde hace mucho tiempo.

(Abílio deja caer la mano que tiene la carta y también deja caer la cabeza entre las rodillas y llora sin consuelo. Después se calma y levanta despacio la cabeza. Se levanta, deja la carta en el suelo y le pone la piedra encima. Baja los escalones, se acerca a la orilla y mira al mar como si estuviera buscando a su abuelo. Se queda mirando al horizonte durante unos instantes mientras el sol se eleva. Después vuelve a la casa, se sienta en uno de los escalones

cerca de donde está la carta, coge su teléfono móvil y hace una llamada.)

ABÍLIO: Buenos días, papá. No, no he podido convencerlo. (*Grita.*) ¡Déjame hablar, papá! (*Silencio largo.*) El abuelo se ha ido. Sí, se ha ido. Esta mañana antes del amanecer cogió su barca y se perdió en el mar. No, papá, no, no voy a salir a buscarlo. Conozco muy bien al abuelo. Ese era el final que él quería y voy a respetarlo. No llores papá, por favor, no llores (*Abílio no puede contener las lágrimas y habla entre sollozos.*) Sabes que él siempre hizo lo que le dio la gana. (*Abílio se recompone, deja de llorar, quita la piedra y coge la carta.*) Dejó una carta de despedida. (*Silencio largo.*) No, papá, no te la leeré. No podría terminarla. Si quieres le saco una foto y te la envío a así la podrás leer. De acuerdo, como quieras, pues entonces te la llevo. Sí, salgo esta mañana y cogeré el primer vuelo. Adiós, papá.

(*Abílio la dobla y se la mete en el bolsillo. Se levanta y se queda mirando hacia el horizonte. Baja a la orilla y se queda mirando al mar.*)

ABÍLIO: Adiós, abuelo. (*Oscuro.*)

No hay hombres fieles

PERSONAJES

Raquel.

Marina.

Adrián.

Magdalena.

(*Un salón de un piso. El salón es sencillo, casi minimalista. Hay un televisor, dos sillones, un sofá y delante de este una mesa rectangular. Una mujer joven, no más de treinta años, Raquel, está acostada en el sofá leyendo un libro. De vez en cuando coge su teléfono móvil y contesta a los mensajes que recibe. Cuando está con el teléfono pone distintas caras de asombro, de incredulidad y también se ríe. Al poco se sienta y marca un número de teléfono.*

En off se escuchan los tonos. Deja el libro encima de la mesa. Se levanta, sonríe y contesta.)

RAQUEL: ¿Marina? Sí, soy yo, Raquel. ¡Coño, Raquel, tu Raquel! ¿No me tienes en tu agenda? Pues hay que mirar quién llama, que como te salte un teleoperador te jode la mañana. ¿Cómo que qué quiero? Hablar contigo. ¿Cómo tienes la tarde? Ya, liada. Lo sé, Marina, que con el crío tienes poco margen de maniobra. Sí, es importante. Me gustaría contarte algo. ¿Te vienes y nos tomamos unas cervezas? Sí, te debo una. Vale, te haré de canguro alguna noche para que salgas con tu maromo. Sí, Marina, ¡coño! Vivo en el mismo sitio. No me he mudado. Cuando me mude te lo diré. ¿Cuánto vas a tardar? ¿Diez minutos? Perfecto. Venga, te espero.

(*Raquel sale de escena durante unos segundos y vuelve con un balde lleno de cervezas con hielo y lo coloca cerca del sofá. Se vuelve a acostar, coge el libro y sigue leyendo. Al poco le suena el teléfono y contesta.*)

RAQUEL: ¿Dónde estás? ¿Cómo que no lo sabes? ¡Coño, te lo expliqué súper bien! Vale, vale. No te pongas nerviosa. ¿En qué calle estás? ¿Pérez Galdós? Pues lo tienes fácil. Mira, al final de esa calle hay un restaurante chino que se llama House King Sing, pues justo enfrente hay un edificio azul. Ahí vivimos Adrián y yo. Sí, cuarto C. No tienes pérdida. Venga, te espero.

(Raquel deja el libro en la mesa y se levanta. Se oye en off el sonido del portero automático. Raquel va hacia dónde está el teléfono del portero y contesta.)

RAQUEL: ¿Marina?

(Se oye en off la voz de Marina.)

MARINA: Sí, abre. He llegado sana y salva.

(Se oye en off la apertura de la puerta. Raquel abre y se queda esperando mientras se entretiene con su teléfono móvil como si estuviera chateando con alguien.)

ESCENA II

(Entra Marina en escena y le da dos besos a su amiga Raquel. Raquel cierra la puerta.)

MARINA: Me estoy haciendo vieja, Raquel. (*Se dirige hacia donde está el sofá y deja el bolso encima de la mesa.*) El mundo va demasiado rápido para mí. Antes todo era más fácil. Ahora, con toda esta mierda de las nuevas tecnologías, me estoy quedando atrás. Estoy más perdida que un pulpo en un garaje.

RAQUEL: (*Sonríe, coge una cerveza, la abre y se la entrega.*) Toma, está muy fría, como a ti te gusta y además sin alcohol, que sé que te has vuelto una abstemia.

MARINA: Ya tenemos edad de empezar a cuidarnos, que ya no tenemos veinte años y sabes que a las mujeres no se nos perdona que cumplamos años. Esta sociedad quiere que estemos siempre en perfecto estado de revista y todo para que al final te coman los putos gusanos. A esos sí que les da igual como llegues a la tumba.

RAQUEL: Marina, que solo tienes treinta y tres años y los gusanos van a tener que esperar un tiempito para comerte tus arrugas y tus patas de gallo. ¡Venga, siéntate aquí y vamos a brindar por los viejos tiempos!

(*Marina se sienta junto a su amiga y chocan sus botellines de cerveza.*)

MARINA: ¿Cuánto hace que no nos veíamos?

RAQUEL: Pues haciendo un cálculo rápido, unos cuantos meses. Después de que nació tu hijo Mario, no nos habíamos visto.

MARINA: ¿Tanto tiempo? ¡Joder, es lo que te digo, la vida se nos va sin darnos cuenta y más cuando tienes un hijo! A partir de ahí la vida gira alrededor de tu hijo y tu vida entra en un universo en el que solo hay un sol y dos satélites que giran a su alrededor, en mi caso, ese sol se llama Mario y los satélites, Marina y Julio, aunque Julio, solo orbita; no hace otra cosa.

RAQUEL: (*Toma un buche de cerveza.*) ¿Cómo te va con él?

MARINA: Julio es un buen marido. Trabajador, se porta bien en la cama y casi buen padre.

RAQUEL: (*Pone cara de asombro.*) ¿Casi buen padre? ¿No te entiendo?

MARINA: Sí, casi, porque a él le cuesta eso de ser padre. No termina de aceptarlo. Es como si no comprendiera que Mario es su hijo, que se va a quedar ahí para siempre y creo que lo ve como un ente extraño que llegó a su vida sin esperarlo.

RAQUEL: (*Bebe otro trago de cerveza, coge el móvil, chatea durante unos instantes al tiempo que habla.*) Pues es para tenerlo claro, el niño tiene unos cuantos meses.

MARINA: Esto nunca te lo he contado. Cuando me quedé embarazada, y se lo dije, se quedó con los ojos como platos. Me parece verlo. (*Sonríe e imita el gesto de asombro de su marido.*) Y eso que llevamos más de dos años casados y llevábamos un año haciéndolo sin protección. Pero lo gracioso es que durante los primeros meses de embarazo no me tocó ni un pelo. Tres meses, ¡qué digo tres, cuatro meses en el puto dique seco! No quería follar conmigo. Estuve a punto de llamar a mi hijo Spiderman.

RAQUEL: (*Pone cara de no entender nada.*) ¿Spiderman?

MARINA: Sí, por las telas de araña que me estaban saliendo en el chichi.

(*Raquel se queda un momento pensando, deja la cerveza en la mesa y luego se ríe a carcajadas, hasta casi quedarse sin respiración.*)

MARINA: (*Se toma un buche de cerveza y también sonríe.*) Sí, tú ríete, pero tuve que llevarlo conmigo a la ginecóloga para que le explicara que el niño no iba a sufrir daños. No sé qué pensaba, de verdad, cada día estoy más convencida de que es un poquito corto, que no da más leche y muchas veces me pregunto cómo coño acabó la carrera.

RAQUEL: Es que como está bien dotado, a lo mejor pensaba que...

MARINA: (*Marina deja la cerveza en la mesa.*) ¿Y cómo sabes tú que está bien dotado? ¿No me habrás llamado para decirme que tuviste o tienes una historia con él? Porque ustedes hacían muy buenas migas cuando estábamos en la pandilla.

RAQUEL: (*Suspira, coge la cerveza, se toma un poco de cerveza y la deja sobre la mesa.*) ¡Ay, Marina, ¿cuándo vas a madurar?

¿Eh? Porque parece que te quedaste en tercero de bachillerato. Julio es un buen tío, pero no es mi tipo. Nunca fue mi tipo.

MARINA: (*Muy seria y mirando fijamente a su amiga.*) Sí, sí, lo que tú quieras, pero no has contestado a mi pregunta, ¿cómo sabes que tiene una buena tranca? ¿Dime, cómo lo sabes? Porque eso no se sabe por ciencia infusa, eso hay que haberlo visto, ¿o no?

RAQUEL: (Coge cerveza, *se toma un buche, deja la botella en la mesa, mira a su amiga y sonríe.*) Me lo dijo Adrián. Entre ellos lo llaman el Látigo. Ya sabes cómo son los tíos, están todo el puto día pensando en la minga. Los hombres tienen el cerebro dividido en dos y una de esas mitades es toda para la polla.

MARINA: ¿El Látigo? No lo sabía (*Se ríe a carcajadas.*) El muy cabrón nunca me lo ha dicho.

RAQUEL: ¿No?

MARINA: No, él es muy reservado para ciertas cosas. Creo que tiene cierto complejo por tener la tranca tan grande. No lo termina de asumir y cuando se le pone dura, se queda un poco fuera de juego. Ya sabes, para mantener ese pedazo de carne en erección hay que bombear mucha sangre y el cerebro se queda patinando en seco. Cuando terminamos de follar, él se queda tumbado en la cama como si le hubieran dado una paliza de muerte y hasta que no vuelve a fluirle la sangre por el resto del cuerpo no reacciona.

RAQUEL: Pero, ¿tú estás contenta y satisfecha?

MARINA: Sí, claro, me gusta su herramienta, pero yo no he venido a hablar de la tranca de mi marido, ¿por qué me has llamado? ¿Qué era eso tan importante que tenías que contarme? (*Se termina la cerveza y la pone en la mesa.*)

(*Raquel coge su cerveza, se levanta y se dirige hacia la ventana. Habla dándole la espalda a su amiga.*)

RAQUEL: Tiene que ver con Adrián.

MARINA: ¿Cómo te va con él?

RAQUEL: De aquella manera.

MARINA: ¿Qué significa «de aquella manera»?

RAQUEL: (*Se vuelve y mira a su amiga.*) No sé por dónde empezar.

MARINA: ¡Coño! pues por el principio que es por donde se empieza.

RAQUEL: (*Se acerca a Marina y se sienta junto a ella.*) Pues eso, que hace dos semanas entré en una cafetería a tomarme un café y me encontré con Magdalena, la venezolana. (*Marina hace un gesto de no acordarse.*) No sé si te acuerdas de ella. (*Silencio corto.*) Estaba un curso por encima de nosotras. Luego coincidimos en el último curso porque ella repitió. La llamábamos Magputa. ¿No la recuerdas?

MARINA: (*Se da un leve golpe en la frente con su mano derecha.*) Sí, sí, Magputa, claro que la recuerdo, era casi mulata, muy guapa y que todos los tíos querían tirársela. (*Al terminar busca en el cubo otra cerveza.*)

RAQUEL: Desayunamos juntas y tuvimos una conversación muy interesante que se me quedó grabada. Me parece verlo.

ESCENA III

(Se va oscureciendo el escenario y solo se queda iluminado un rincón del salón en el que hay una mesa con dos tazas blancas. Hay dos mujeres sentadas, una es Raquel y la otra es Magdalena. Marina puede hacer el papel de Magdalena.)

MAGDALENA: ¿Cuántos años hace que no nos vemos, Raquel?

RAQUEL: Por lo menos quince, Magdalena, por lo menos quince. Te perdí la pista cuando salimos del instituto.

MAGDALENA: Sí, muchos nos perdimos de vista cuando acabamos el bachiller. *(Silencio.)* *(Toma un sorbo de café.)* Oí que te casaste con Adrián.

RAQUEL: Sí, sabes que éramos medio novios en el instituto.

MAGDALENA: Sí, todo el día pegados como dos lapas. ¿Y cómo te va con él?

RAQUEL: Muy bien. Es un buen hombre, trabajador y fiel.

(*Silencio largo.*)

MAGDALENA: (*Sonríe.*) ¿Fiel?

(*Silencio largo.*)

RAQUEL: (*Incómoda. Se revuelve en su asiento.*) Sí, fiel. No, sé por qué pones en duda la fidelidad de mi marido. No entiendo a qué viene eso.

MAGDALENA: No lo digo por nada, Raquel. No te preocupes. No me he tirado a tu marido. Solo constato el hecho de que no hay hombres fieles, sino hombres sin oportunidades.

RAQUEL: No te entiendo, ¿qué quieres decir?

(*Magdalena toma un sorbo de café. Deja la taza en la mesa y sonríe.*)

MAGDALENA: Lo que quiero decirte es que todos los hombres son iguales, que, si tienen una oportunidad, te ponen los cuernos a las primeras de cambio. Sé de lo que hablo. (*Recorre con dos manos el cuerpo sin dejar de sonreír.*) Por este cuerpo han pasado algunos hombres muy fieles y sus mujeres siguen pensando en que sus mariditos son una joya.

(*Silencio.*)

RAQUEL: Adrián no es de esos. Llevamos cinco años casados y nunca me ha sido infiel. De eso estoy segura.

MAGDALENA: No podemos estar seguras de nada, querida, y menos con los hombres. Ellos están cortados con otro patrón y siempre están dispuestos a tapar cualquier agujero que esté disponible.

RAQUEL: (*Irritada.*) Te repito que Adrián no es de ese tipo de hombres.

MAGDALENA: Ya, estoy convencida de ello, pero seguro que es porque no ha tenido una oportunidad, pero no me refiero a una oportunidad a secas, sino a una oportunidad segura. Si la tuviera estoy segura de que te engañaría. (*Silencio corto.*) No me mires así, como si estuviera diciendo una locura.

RAQUEL: (*Enfadada e incómoda.*) ¿Qué dices? Adrián no me haría eso. Lo conozco muy bien.

MAGDALENA: (*Sonríe y toma otro sorbo de café.*) ¿Probamos? Es fácil. Tengo que llamarlo, quedar con él y el resto viene solo.

RAQUEL: (*Molesta y con el tono de voz serio.*) No sé a dónde quieres llegar con este juego.

MAGDALENA: Es un juego sencillo. ¿Quieres saber si tu marido te es fiel de verdad?

(*Silencio.*)

RAQUEL: (*No le quita la mirada a Magdalena y aprieta los dientes. Enfadada.*) Vamos a dejar esta conversación. No me gusta nada.

MAGDALENA: Solo pretendo que tentemos al diablo que todos los hombres llevan dentro. Ese demonio juguetón que les sale cuando se sienten seguros. ¿Qué me dices?

RAQUEL: (*Se acerca a Magdalena. Eleva la voz. Irritada.*) ¿No me has oído, Magdalena? No me gusta este juego porque no me interesa tenderle una trampa a mi marido. No soy de esas. ¿Entiendes? Estoy muy feliz en mi matrimonio. Tú no puedes decir lo mismo. ¿O sí? Porque que yo recuerde nunca te has casado, ni tuviste un novio que te duraba más de dos meses. Ya sabes que en el instituto todos te conocían como Magputa. (*Silencio.*) Por eso estás más sola que la una, porque eres muy puta y a los hombres no les gusta que sus mujeres sean unas zorras. (*Silencio.*)

(*Magdalena se sorprende y le cambia el semblante.*)

RAQUEL: (*Irónica.*) ¿No me digas que no conocías que te llamaban Magputa? ¿No? (*Sonríe satisfecha.*) Ya ves, el cornudo es el último que se entera. Pues sí, en el instituto eras conocida con ese nombre y es que, MUJER, te lo ganaste a pulso, porque te ibas con el primero que se te ponía a tiro. ¿O no es verdad?

(*Silencio largo.*)

MAGDALENA: (*Triste. Casi arrastra las palabras.*) No, no sabía que me llamaban así en el instituto.

RAQUEL: (*Conciliadora.*) No te pongas triste MUJER que era solo un mote, aunque muy acertado en tu caso, porque tú fuiste muy zorra y por lo que veo, lo sigues siendo. Solo hay que verte y además vienes a joder la vida de los demás. (*Silencio corto.*) Bueno, creo que por hoy he tenido bastante, Magputa. (*Se levanta, deja cinco euros encima de la mesa y se va. Magdalena se queda sola. Aparta la tasa de café, se queda en silencio durante unos instantes, luego se levanta despacio, como abatida y se oscurece el escenario muy lentamente.*)

ESCENA IV

(*Se ilumina el escenario y vuelven a estar en escena Raquel y Marina.*)

MARINA: ¡Joder, la pusiste en su sitio! Pero hay más, ¿verdad?

RAQUEL: (*Se da la vuelta, va hacia la mesa, coge la botella y se termina la cerveza.*) Que se ha puesto en contacto con Adrián.

MARINA: (*Se levanta y se dirige hacia donde está su amiga.*) ¿Qué? ¿Y cómo lo supiste?

RAQUEL: Por unos mensajes de WhatsApp entre ella y él. No pude leer mucho, pero lo que leí no me gustó. Esta tipa parece que quiere que Adrián me sea infiel. Demostrar su hipótesis. Esa de que no hay hombres fieles, sino hombres sin oportunidades. Además, creo que se quedó jodida con lo que le dije; lo de Magputa.

MARINA: Yo no me preocuparía. Sabes que siempre fue una echada pa'lante. Se pensaba que con sus dos tetas iba a conquistar el mundo y mírala, recogiéndose todos los altares en busca de un santo.

RAQUEL: No sé qué pensar, Marina, pero he pensado mucho en eso que me dijo y creo que tiene razón. Los hombres están todos cortados por el mismo patrón y si ven una oportunidad segura de meterla en caliente, no lo dudan mucho.

MARINA: (*Marina se vuelve a sentar.*) ¿Tú crees? Hay hombres que son diferentes. Por ejemplo, yo no me veo a Julián poniéndome los cuernos, aunque tenga una oportunidad de oro.

RAQUEL: (*Se acerca a su amiga y se sienta junto a ella.*) No sé qué pensar. Este asunto me está volviendo paranoica.

MARINA: A ver, si te soy sincera, yo no pongo la mano en el fuego por ningún tío. Los tíos piensan mucho con la polla. Se les calienta lo de abajo y se tiran a la piscina sin pensarlo dos veces.

RAQUEL: ¿Y por qué son los hombres así?

MARINA: Yo creo que es una cuestión de biología, de hormonas o de algo de eso. A ver, tú le pones a un perro treinta perras en celo e intenta tirárselas a todas, aunque el pito se le caiga a cachos. Ya sabes ese rollo que dicen de la perpetuación de la especie que debe de estar en sus genes.

RAQUEL: No lo sé, a veces pienso que es una cuestión de educación. A los hombres los educan para que sean así.

MARINA: ¿Tú crees? Los tíos son todos iguales en todas partes. Aquí y en la China Popular. Ya te dije que están cortados por el mismo patrón. Ni educación ni no, ellos deben tener algún gen por ahí que los hace ser así y no piensan más que en follar que el mundo se va a acabar.

RAQUEL: No estoy tan segura de eso, quizás haya un poco de biología, pero creo que son patrones se les meten en cabeza desde muy pequeños y que se llevan repitiendo desde hace mucho tiempo. La educación y esta cultura social en que la MUJER es un objeto, en la que no podemos conseguir nada si no usamos nuestro coño.

(*Silencio.*)

MARINA: Y profundizando en la cuestión, ¿por qué tenemos que ser fieles? ¿Ser fieles a nuestras parejas no es, también, una cuestión moral, cultural y educativa? Porque la fidelidad sí es verdad que no es una cuestión biológica, porque no somos periquitos. La fidelidad es un mantra que nos han metido en la cabeza desde pequeños, no nacimos predeterminados a ser fieles, nos convierten en fieles.

(*Silencio largo.*)

RAQUEL: (*Se levanta y vuelve a la ventana.*) Sí, en eso tienes razón, Marina. Nunca me había detenido a pensarlo de esa manera, pero tienes razón. La fidelidad nos la van metiendo por los poros, poco a poco, casi no nos damos cuenta de ello, hasta que tenemos el concepto en la cabeza y pensamos, incluso, que hemos nacido con él, pero no es verdad, nos lo han inoculado y se ha apoderado de nuestras mentes y de nuestras conciencias.

MARINA: ¡Coño! Yo sé y no te digo nada, le sacas punta hasta un martillo pedrero. Al final va a resultar que Magputa es una antisistema y la única que se está pasando las cuestiones morales de la fidelidad por el arco del triunfo y se lo está pasando pipa sacando a pasear su loro.

RAQUEL: Quizás ella lo tuvo claro desde que estábamos en el instituto y nunca creyó en la fidelidad, porque se tiraba a la mayor parte de los novios de nuestras compañeras e incluso a los nuestros. Eso nunca lo sabremos. Lo cierto es que estoy preocupada. (*Silencio corto.*) No quiero perder a Adrián.

MARINA: (*Se levanta, coge una cerveza y se coloca junto a su amiga.*) ¡Coño! Pues llámala y párale los pies ¿A qué esperas? ¿A qué se lo acabe tirando?

RAQUEL: Pero eso no es todo. Magdalena me llamó ayer.

MARINA: ¿Te llamó?

RAQUEL: Sí, me llamó.

(*Raquel se aparta de su amiga, va al sillón, coge una botella de cerveza del cubo, la abre y bebe un trago.*)

MARINA: (*Corre hacia donde está su amiga.*) ¡Joder, tía, cuéntame!

(*Raquel se aparta de su amiga y camina de un lado a otro del salón en silencio. Mira el reloj digital que hay colgado en la pared del salón. Se oye como se abre la puerta.*)

RAQUEL: Después te sigo contando. Ese es Adrián.

ESCENA V

(*Se abre la puerta y entra Adrián que es un hombre normal que tiene treinta y cinco años. Lleva una bolsa de la compra que deja en el suelo. Se queda un momento mirando, como analizando la situación, saluda a Raquel con un beso en los labios y a Marina con un beso en la mejilla derecha. Se quita la chaqueta y la deja sobre un de los sillones.*)

ADRIÁN: ¿Cuánto tiempo hace que no nos veíamos, Marina?

MARINA: Eso mismo le comentaba a Raquel, unos cuantos meses.

(*Raquel se sienta, deja la botella en la mesa, pero la vuelve a coger. Está inquieta*)

ADRIÁN: ¿Y a qué debemos el honor de tu visita?

(*Marina mira a Raquel como buscando que responda ella.*)

RAQUEL: La llamé yo. Quería verla, quería saber cómo le iba la vida y como ahora tengo más tiempo, pues me dije, vamos a tomarnos unas cervezas con Marina.

ADRIÁN: Entonces tendrán mucho de qué hablar. Por cierto, Raquel, hoy fui a la tienda de segunda mano y me compré un abrigo de esos clásicos, de paño azul. Está súper guapo. Ya sabes que cuando viajo a Madrid en invierno, siempre me estoy quejando del frío. (*Coge la bolsa, saca el abrigo y se lo pone.*)

RAQUEL: ¿Y por qué no esperas a lavarlo?

MARINA: Sí, quién sabe a quién pertenecía ese abrigo.

ADRIÁN: No sean tan escrupulosas. Además, sé que esa tienda lava toda la ropa que pone a la venta. Así que estoy a salvo de contraer cualquier enfermedad contagiosa. Aunque huele un poquito a humedad. Quizás este no lo metieron en la lavadora.

(*Adrián mete la mano en todos los bolsillos exteriores del chaquetón y después en el interior. Entonces pone cara de extrañeza y saca una carta del interior del bolsillo. Sonríe.*) El abrigo viene con regalo. Una carta.

MARINA: ¿Una carta? Seguro que será del banco o de la compañía eléctrica.

ADRIÁN: No, no es de esas. (*La muestra.*) Mira lo que pone, para Gabriel.

(*Raquel se levanta y se acerca a Adrián. Marina hace lo mismo.*)

MARINA: ¡Qué intriga! ¡Vamos a ver qué pone!

RAQUEL: Tú siempre tan novelera. No vas a cambiar nunca.

(Adrián *abre el sobre y saca la carta.*)

ADRIÁN: Está escrita a mano y con muy buena letra.

MARINA: ¿A mano? ¿Y quién coño escribe hoy una carta a mano? Para eso está el Word o mejor, el WhatsApp, ¿no, Adrián?

RAQUEL: Los temas importantes se escriben a mano, el WhatsApp es más informal, para andar por casa.

ADRIÁN: El WhatsApp está bien según para qué; para los temas serios no hay nada como una carta escrita a mano.

MARINA: Sí, tienes razón, el WhatsApp está bien para el cachondeo y el cibersexo, ¿no, Adrián?

(Raquel se gira, mira a su amiga, saca la lengua, la muerde y le hace un gesto con el dedo índice como indicándole que le va a cortar la lengua. Adrián mira a Marina con extrañeza y observa la carta en silencio como si leyera las primeras líneas.)

RAQUEL: ¿Qué dice?

ADRIÁN: *(Lee la carta en voz alta.)*

Estimado Gabriel: Hace semanas que no sé nada de ti. Me imagino que la situación actual te ha superado, pero tanto tú como yo, somos los únicos responsables de lo que hoy estamos viviendo. Samuel es simplemente un actor secundario que ha interpretado el papel que nosotros le hemos escrito. Él no es responsable de nuestro alejamiento y del deterioro absoluto de nuestra relación. Solo se ha metido en una cama que le han permitido entrar. Se lo hemos permitido, tú, con tu indiferencia y yo, por mi cansancio. Sí, mi cansancio. Porque estaba cansada de tu indolencia, de aquel estatus quo helado, cuyas estalactitas nos habían condenado al olvido, de la ausencia de tus besos y de tus abrazos. Mataste nuestro amor. Es duro lo que digo, lo sé, pero lo mataste. Desconozco cuando fue el momento exacto de la primera puñalada, quizás fue la primera noche que dejamos de hacer el amor.

Nos convertimos en seres desconocidos, que vivíamos y compartíamos casa y comida, pero nada más. Te preguntarás por qué me metí en la cama con tu mejor amigo. No lo sé, te juro que no lo sé. Simplemente ocurrió, porque tenía que ocurrir. Aquella tarde cuando nos encontraste en casa, no había nada planeado; no pienses mal ni de mí ni de Samuel. Él vino a buscarte para ir juntos a la oficina de empleo, pero ya te habías ido. No puedo explicarte lo inexplicable. No puedo. Estoy convencida de que estas palabras caen en saco roto, porque tú ya has tomado una decisión. Solo quiero decirte que fue bonito mientras duró. Muy bonito. Fui muy feliz junto a ti. Sólo quería que lo supieses. Para finalizar, me gustaría que un día, cuando todo esto se enfríe un poco, nos pudiésemos ver, porque tenemos algunas cosas materiales que resolver, ya sabes, la casa y los ahorrillos. Que seas feliz y espero verte pronto.   Micaela.

(*Silencio.*)

MARINA: (*Marina se levanta y se dirige hacia donde está Raquel.*) ¡Joder, joder qué fuerte!

RAQUEL: (*Coge la carta y le echa un vistazo. Adrián se queda con el sobre.*) Sí, muy fuerte.

ADRIÁN: Sí, es muy jodido que te encuentres a tu novia follando con otro en tu casa y encima con un amigo. Me duele solo de imaginarlo.

(*Silencio.*)

RAQUEL: ¿A ti te dolería encontrarme con otro en nuestra cama o solo te duele imaginarte lo que has leído?

ADRIÁN: (*Con cara de incredulidad.*) ¿A qué viene esa pregunta?

RAQUEL: ¡Joder! ¡Es una pregunta que tiene fácil respuesta! A mí, por ejemplo, me dolería mucho que tú te follaras a otra.

(*Adrián se acerca a Raquel, la tiene a un palmo. Raquel baja la carta, mira fijamente a su marido, muy seria y apretando los dientes.*)

ADRIÁN: No entiendo a dónde quieres llegar. Sabes muy bien cuál es la respuesta a esa pregunta. Tengamos la fiesta en paz. No sé qué es lo que te pasa últimamente. Solo te falta morderme. A cualquier cosa que digo o hago, saltas como una leona. Estoy empezando a cansarme.

(*Marina los mira sin saber muy bien qué hacer, hasta que decide sentarse.*)

RAQUEL: ¿A cansarte? Yo si estoy cansada de tus historias.

ADRIÁN: (*Con cara de incredulidad.*) ¿De qué historias estás hablando? No te entiendo, Raquel.

RAQUEL: Sabes muy bien de qué estoy hablando. No te hagas el tontito.

ADRIÁN: No me estoy haciendo el tontito. (*Grita.*) ¡No sé de qué me estás hablando!

RAQUEL: ¿Qué me dices de Magdalena?

ADRIÁN: Magdalena, ¿tú amiga del instituto? ¿Qué pasa con ella?

RAQUEL: ¿Qué pasa con ella y contigo?

(*Silencio.*)

MARINA: (*Coge su bolso y se levanta.*) Creo que es mejor que me vaya. Los asuntos de pareja hay que resolverlos en pareja. Los tríos no son muy recomendables en estos casos. Así que yo me voy.

ADRIÁN: No, Marina, quédate. Necesito un testigo.

MARINA: (*Camina hacia la puerta y se detiene.*) ¿Un testigo para qué, Adrián? Ya les he dicho que no me gustan este tipo de situaciones; me siento muy incómoda y fuera de lugar.

RAQUEL: Sí, quédate, Marina, a ver por dónde me sale, a ver si se ha convertido en ilusionista.

MARINA: (*Marina deja el bolso en la mesa resignada y rebusca en el balde hasta encontrar una cerveza sin alcohol.*) Espero no salir en las noticias de las nueve.

ADRIÁN: No te preocupes, no correrá la sangre.

RAQUEL: Entonces, ¿qué me dices de Magdalena?

(*Marina se sienta en el sofá, abre una cerveza, bebe un trago y observa la situación en silencio.*)

ADRIÁN: Poco que contar, solo que está como una cabra y que me está acosando. Me la encontré hace dos semanas mientras almorzaba. Estuvimos hablando un rato. Nos dimos los teléfonos y comenzó a enviarme mensajes por WhatsApp muy subidos de tono. Los tengo archivados, porque tengo pensado presentar una denuncia en la policía. ¿No me crees? (*Se acerca a Marina y le entrega el teléfono.*) Marina, toma mi teléfono y comprueba lo que he dicho.

MARINA: (*Marina coge el teléfono como si cogiera a un bicho raro.*) Pero a mí se me da muy mal la tecnología, para mí son entes de otro mundo.

ADRIÁN: Solo quiero que compruebes que lo que he dicho es verdad. Al final de las conversaciones verás los chats archivados. Ábrelos, busca el de Magdalena y léelos, por favor.

(*Marina mira a Raquel con el teléfono en la mano, buscando su aprobación.*)

RAQUEL: (*Casi gritando.*) ¡Léelos, Marina!

MARINA: Vale, vale, los leeré.

(*Marina los lee durante un minuto aproximadamente. Mientras Raquel se va hacia la ventana y Adrián mira a Marina sin decir nada.*)

MARINA: (*Se levanta y le entrega el teléfono a Adrián.*) Ya.

RAQUEL: ¿Y?

MARINA: Dice la verdad. Magdalena no ha cambiado desde el instituto. Sigue siendo una zorra.

RAQUEL: ¿De cuándo es el último mensaje?

ADRIÁN: De hace más de una semana. Desde el momento que la amenacé con denunciarla, dejó de molestarme.

RAQUEL: ¿Y por qué no me dijiste nada?

ADRIÁN: Porque no quería preocuparte. Iba a decírtelo si me veía obligado a denunciarla, pero dejó de molestarme. Sabes que me gusta resolver mis asuntos por mi cuenta y así ha sido.

RAQUEL: Estos son asuntos de los dos, ¿no crees que yo debería conocer esa historia?

ADRIÁN: ¿Y cómo te enteraste del asunto? ¿Fue ella quién te lo dijo? Porque me amenazó con eso, que te llamaría y que te lo contaría todo. ¿Te llamó o no te llamó? Porque si es así me presento hoy mismo en la comisaría de policía y le pongo una denuncia.

(Silencio.)

RAQUEL: *(Raquel mira a su amiga Marina.)* Bueno, no a mí directamente. Se lo dijo a Marina *(Marina levanta la cabeza sorprendida.)* y por eso vino a verme. ¿Verdad, Marina?

MARINA: Sí, aunque todavía me pregunto cómo consiguió mi teléfono. Voy a tener que hablar con Julián, porque de esta lagarta no me fío un pelo.

ADRIÁN: ¿Y qué te contó? Porque esa loca es capaz de inventarse cualquier cosa por joderme vivo.

MARINA: Solo que había tenido un lío contigo y que se lo contara a tu MUJER.

ADRIÁN: ¿Qué? Esa tía está como una puta cabra. (*Se acerca a Raquel.*) Raquel, te juro que yo no le toqué ni un pelo. Me volvió loco por el WhatsApp. Ha sido una verdadera tortura.

(*Raquel coge una cerveza del balde, la abre, se acerca a su marido, se la entrega y choca su botella con la de él a modo de brindis. Los dos sonríen.*)

RAQUEL: (*Con una sonrisa formada.*) Entonces, todo aclarado, si se trata de una loca acosadora, no hay nada más que hablar.

(*Marina se levanta, se acerca a la pareja, le quita el sobre a Adrián y le da la vuelta.*)

MARINA: Bueno, como parece que está todo aclarado, este sobre tiene una dirección. Quizás podríamos llevársela a su dueño. No sé, si yo fuera el tal Gabriel, a mí me gustaría conservarla. Seguro que se la olvidó en ese abrigo.

(Raquel se da la vuelta, coge su botellín de cerveza y se echa un buche.)

RAQUEL: *(Enfadada y nerviosa.)* Pues a mí no, yo la rompería en mil pedazos o la quemaría. Esa Micaela es una zorra. Eso no se le hace a nadie. Si no estás a gusto con tu pareja y crees que todo se acabó, pues tienes los ovarios que hay que tener y lo dejas en banda. No le pones los cuernos más grandes que un puto antílope y encima con su amigo. Hay que joderse.

MARINA: Un poquito hija de puta, sí que es, pero sigo pensando que podríamos localizar al tal Gabriel y entregarle la carta.

ADRIÁN: Sí, estoy de acuerdo y que él decida qué hacer con la carta. Esto solo le pertenece a él.

MARINA: ¿Podríamos buscar en las páginas blancas en Internet?

(Raquel se sienta y pone la cerveza encima de la mesa.)

RAQUEL: A mí me parece una pérdida de tiempo. Yo la rompería y la tiraba a la basura que es donde tiene que estar. No tenemos por qué meternos donde no nos llaman.

ADRIÁN: Si fuera tuya, ¿a ti no te gustaría no conservarla, Raquel?

RAQUEL: ¿Te lo digo en inglés? Ya te he dicho lo que haría con ella. A mí me hacen eso, rompo la carta en mil pedazos y hago que se la trague.

(*Silencio.*)

ADRIÁN: (*Deja la cerveza en la mesa.*) Visto que somos mayoría, Marina, vamos a intentar localizar al tal Gabriel. Vamos a meter la dirección en las páginas blancas de telefónica a ver qué nos dice.

(*Marina se acerca a Adrián que coge el sobre e introduce los datos en el móvil. Está un minuto maquinando con el móvil. Al tiempo Raquel saca su teléfono y comienza a chatear.*)

ADRIÁN: En las páginas blancas no está.

RAQUEL: (*Elevando el tono de voz.*) ¡Gracias a Dios! Nos vamos a evitar una obrita de caridad. Venga, terminemos ya esta parodia de buenos samaritanos. Reconozcámoslo, a nosotros nos importa una mierda lo que le ocurra al «empanao» de Gabriel y a la zorra de Micaela.

MARINA: ¡Joder, Raquel! ¡Qué negativa estás! Solo pretendemos hacer una buena acción.

(*Adrián sigue trasteando con su móvil, Raquel juega con el cuello de la botella de cerveza, subiendo y bajando sus dedos pulgar e índice muy nerviosa.*)

RAQUEL: ¿Una buena acción, Marina? La única buena acción sería coger a la tal Micaela y...., deja callarme. No quiero decir ninguna barbaridad.

(*Marina se sienta junto a su amiga Raquel y la coge de la mano.*)

MARINA: ¿Qué te pasa? Estás muy nerviosa.

RAQUEL: ¿Que qué me pasa? ¿Y tú me lo preguntas? Esa jodida carta ha metido el dedo en la llaga. No puedo quitarme de la cabeza a la puta de Magdalena y además no deja de enviar mensajes. Me está calentando la cabeza.

ADRIÁN: Las páginas blancas no valen para nada, pero San Google viene al rescate. Aquí tengo el número de teléfono de Gabriel. ¿Qué hacemos? ¿Lo llamamos?

(*Marina le suelta la mano a Raquel, se levanta y se va junto a Adrián.*)

RAQUEL: (*Coge otra botella de cerveza, la abre y bebe un trago.*) Ya saben mi opinión y no voy a repetirla.

MARINA: Con esa, llevas tres cervezas y sabes que, a partir de la tercera, ya la chispa es segura.

RAQUEL: ¿Y qué? Estoy en mi casa y mi dormitorio está a tres pasos. Incluso puedo llegar a la cama arrastrándome como una serpiente o quedarme frita en mi sofá. ¿Qué más da? Además, estoy acompañada de mi maridito que vendrá a mi rescate en el caso de que me emborrache.

(*Adrián sigue ensimismado en su móvil y no hace caso de la conversación entre Raquel y Marina. Raquel se levanta y se va hacia la ventana trasteando con su móvil.*)

ADRIÁN: Voy a llamar. Pongo el altavoz.

(*Se oyen los tonos de la llamada en off. Marina se acerca aún más a Adrián y Raquel sigue bebiendo cerveza junto a la ventana.*)

ADRIÁN: ¿Hola? Buenos días, preguntaba por Gabriel.

VOZ: (*Se oye una voz de mujer, grave y seria, que en este caso se puede oír en off o la puede hacer una de las actrices.*) ¿Quién pregunta por él?

ADRIÁN: A ver cómo se lo explico. (*Silencio corto.*) Esta mañana he ido a una tienda de segunda mano, he comprado un abrigo y en unos de los bolsillos había una carta que iba dirigida a un tal Gabriel. En el sobre ponía una dirección y buscando en Internet hemos dado con este teléfono.

(*Silencio largo.*)

VOZ: ¿Qué dirección es?

ADRIÁN: Faro, 235, tercero izquierda.

(Silencio.)

VOZ: Sí, entonces estamos hablando de mi hijo Gabriel.

ADRIÁN: Si quiere puedo ir a llevársela, en quince o veinte minutos estoy ahí.

VOZ: No, no hace falta que la traiga. Mi hijo murió hace dos meses. Se tiró de un puente por un desengaño amoroso.

(Marina se cubre la boca con la mano para evitar emitir un grito, mueve los pies muy rápidamente como si estuviera corriendo sin moverse y pone cara de espanto. Raquel se gira, con el semblante muy serio, se acerca a su marido y mira el teléfono como si estuviera viendo a la mujer.)

ADRIÁN: Lo siento mucho, señora. Solo quería ayudar. Pensé que quizás él quería conservar la carta porque pensaba que se la había olvidado en el abrigo. Solo eso. ¿Quizás usted quiera conservarla porque es una carta personal?

VOZ: ¿De quién es?

ADRIÁN: De una tal Micaela.

(Silencio largo, pero se oye la respiración agitada de la MUJER.)

VOZ: No, no, no, no quiero tener nada que tenga que ver con esa MUJER. Coja la carta y quémela. Buenos días.

(Se oye en off el sonido típico de cuando se corta la comunicación.)

MARINA: *(Casi gritando, con las dos manos en la boca y moviendo los pies muy rápido.)* ¡Joder, joder, joder, qué fuerte, qué fuerte!

(Raquel se va hacia la ventana. Se queda ahí mirando hacia el exterior mientras continúa chateando.)

ADRIÁN: *(Guarda el teléfono en el bolsillo.)* Sí, es muy jodido. Hay personas que se toman el amor muy en serio y cuando sufren un desengaño amoroso, no ven otra salida que quitarse de en medio. A lo Romeo y Julieta. Yo no llegaría a tanto, por mucho amor que sienta. No me quitaría la vida por nadie.

MARINA: *(Se sienta, coge una cerveza, la abre y se bebe un trago bien largo.)* Yo tampoco lo haría, pero Gabriel debió amar con locura a Micaela y al enterarse que se lo estaba montando con su amigo, no lo soportó y se tiró por un puente. ¡Qué trágico, joder! La vida no debería ser tan jodidamente dura.

(Raquel se aparta de la ventana y se coloca en medio de Adrián y Marina.)

RAQUEL: Sí, es trágico, pero si ella hubiera hablado con él cuando vio que el amor se les acababa, quizás las cosas hubieran sido de otra manera. Sin embargo, decidió tirarse al amigo de su novio. Es para ponerle un monumento.

MARINA: MUJER, ponte, por un momento, en el papel de ella. Ya lo dice en la carta, su relación estaba rota desde hacía mucho tiempo. Quizás era inevitable; cuando el amor se rompe ya se sabe que del amor al odio hay un suspiro.

(Adrián coge la carta, la rompe en pedazos y la pone encima de la mesa.)

MARINA: ¿Qué haces, Adrián?

ADRIÁN: ¿Cómo que qué hago? Romper la carta. Ya oíste a su madre. ¿Qué querías que hiciese? ¿Guardarla? No me interesan los dramas de nadie. Punto pelota.

(*Raquel se acerca a la mesa deja la cerveza, coge algunos pedazos rotos de la carta y mira a su marido.*)

RAQUEL: (*Se sienta.*) Así terminó su amor, roto en mil pedazos. ¿Tú qué harías si nuestro amor se fuera apagando como una vela?

ADRIÁN: A nosotros no nos pasará lo mismo. Nosotros nos queremos.

RAQUEL: (Con un tono muy serio.) Llevo pensando en nosotros desde que me enteré del asunto de Magdalena y ahora con este asunto de la carta, no puedo quitármelo de la cabeza.

MARINA: (*Marina coge su bolso y mira a Raquel.*) Bueno, yo me tengo que ir ya. A mi niño no le gusta estar mucho tiempo con su abuela. (*Le da un beso a su amiga.*) Llámame si eso. (*Marina sale apresuradamente de escena y Raquel no le dice nada. Sigue ensimismada mirando los trozos de papel.*)

ADRIÁN: Ya te lo expliqué. Es una loca acosadora.

(*Raquel se levanta, se acerca a su marido y se queda a un palmo de su cara.*)

RAQUEL: ¿Si no hubieras estado conmigo, te hubieras acostado con ella?

(*Silencio largo.*)

ADRIÁN: ¿Por qué me preguntas eso?

RAQUEL: Es solo curiosidad. Vi las fotos que te envió. Es una madurita que está de muy buen ver y que cualquier otro tío se la tiraría sin pensárselo.

ADRIÁN: ¿Estuviste husmeando en mi teléfono? Sabes cuál es nuestro acuerdo.

RAQUEL: *(Sin apartarle la mirada.)* No, me las envió ella. Ya sabes eso que dicen, que la curiosidad mató al gato y yo soy media gata, pero no me has contestado, ¿te la hubieras tirado?

ADRIÁN: Eso no viene al caso. Lo cierto es que estoy contigo y siempre te he sido fiel.

RAQUEL: (*Raquel tira los trozos de papel al aire con rabia.*) Es curiosa la vida, Adrián. Te vas a comprar un abrigo, te encuentras una carta y esa carta nos cuenta la historia de una infidelidad, una tan grande como la tuya.

ADRIÁN: (*Con cara de asombro.*) ¿Qué estás diciendo? Ya te expliqué qué pasó con Magdalena. Viste que Marina leyó los mensajes y quedó todo aclarado.

RAQUEL: (*Da dos pasos y se queda a un palmo de la cara de su marido.*) ¿Todavía sigues intentando metérmela doblada? ¿No te basta con habértela tirado, ni haberle prometido el oro y moro a esa zorra? Sé un puto hombre por una vez.

(*Adrián se da la vuelta, se dirige a la ventana y le da la espalda a su MUJER.*)

RAQUEL: Y sí, me llamó, me llamó ayer y hoy no ha dejado de enviarme mensajes. Sabes, me la encontré haces dos semanas, desayunamos juntas, hablamos sobre la fidelidad y que no hay hombres fieles, sino hombre sin oportunidades. Esa frase se me quedó grabada. Hablamos de ti, me propuso tentarte, a ver si eras capaz de mantenerte fiel a mí. Dejamos ahí la conversación. Yo pensé que no llegaría tan lejos, pero ella siguió con su juego y llegó hasta el final.

ADRIÁN: (*Grita sin darse la vuelta.*) ¡Te repito que entre ella y yo no pasó nada! ¡Es una puta loca, una puta loca que quiere joderme vivo!

(*Raquel saca su teléfono móvil, se acerca a Adrián, lo coge por el hombro, lo gira y le muestra la pantalla. Se oye en off las voces de dos personas haciendo el amor, una de la voz es la de Adrián.*)

RAQUEL: (*Grita.*) ¡Para una muestra solo vale un puto botón, Adrián! ¡Un puto y asqueroso botón! Ayer, cuando me llamó, me lo contó todo, pero no la creí, quería oír tu versión, pero me acaba de enviar un vídeo. Sí, es una cámara oculta. Tenías que haberle pagado lo que te pidió. Tres mil euros quizás hubieran salvado nuestro matrimonio.

ADRIÁN: Entonces lo sabes, no, ¡me extorsionó! ¡Me amenazó con contártelo todo si no le pagaba! ¡Qué querías que hiciera!

RAQUEL: Lo tenías fácil, muy fácil, no se le hubieras metido en caliente y no tendría con qué amenazarte. Ese es su trabajo y lo hace muy bien.

ADRIÁN: (*Se gira y se dirige a su esposa suplicante.*) Raquel, te ruego que me perdones. No era yo. Esa zorra me drogó y solo fue una tarde. Me echó algo, no sé, la Burundanga esa o algo parecido. Yo no recuerdo nada.

(*Silencio largo.*)

RAQUEL: (*Raquel se sienta en el sofá abatida, coge una cerveza y bebe.*) Este tipo de personas lo guardan todo, Adrián. Es su trabajo, se ganan la vida así, jodiendo a la gente. Así que no me vengas que solo un polvo porque sabes que no es verdad. Tengo más de diez vídeos en mi móvil.

ADRIÁN: Fue un error, Raquel, lo reconozco.

RAQUEL: ¡Sal de mi vista! ¡Vete! No quiero verte por aquí.

ADRIÁN: No quiero irme. Esta es también mi casa.

RAQUEL: (*Raquel se levanta con una de las cervezas en la mano, abre la puerta, rompe la botella en el marco de la puerta y amenaza a su marido.*) ¿Qué quieres, irte tranquilo o pasarte unos años en la cárcel? Tú decides. Sabes que no voy a dudar un instante en darme un cabezazo contra la pared y rajarme la mano con el cuello de esta botella. Vete, Adrián, lo nuestro ya se ha terminado. Mañana por la mañana tendrás tus cosas en la puerta.

(Adrián coge la bolsa que había dejado en el suelo, el abrigo que había comprado y sale.)

ESCENA VII

(Raquel se queda sola en el salón y se sienta en el sillón. Va a coger una cerveza, pero no queda ninguna, entonces le pega una patada al cubo que rueda por el suelo. Se apoya en el sofá y mira al techo. Suena el teléfono.)

RAQUEL: Sí, ¿Qué quieres? Al final lo conseguiste, Magdalena. Conseguiste que Adrián cayera en tus redes y que se cumpliera la

mierda de tu adagio. Sí, no me repitas que todos los hombres son
iguales. Ya me lo has demostrado, pero, ¿qué has ganado tú con
esto? Has roto un matrimonio solo por demostrar que tenías razón.
Ya, en eso tienes razón, Adrián es el único culpable. Tú solo le
ofreciste una manzana, él se la comió entera y no dejó ni el carozo.
¿Si te hubiera pagado lo habrías dejado en paz? Ahh, por un
tiempo. Eso es del primer curso del chantaje. ¿Sin rencores?
(*Silencio corto.*) Claro, sin rencores, pero no olvides que donde las
dan, las toman, Magdalena, y Adrián tiene un pronto muy jodido.
Así que ándate con cuidado. Los jabalíes heridos son muy
peligrosos. Ahh, y púdrete en el infierno, zorra-hijadeputa.

(*OSCURO*)

Matar a franco

PERSONAJES:

Antonio Boix Roig: **Gobernador Civil**

Emilio Baraibar: **teniente coronel de la Guardia Civil.**

José: **Secretario particular del Gobernador.**

Ballester: **Agente secreto.**

Luis Orgaz Yoldi: **general**

(Madrugada del 17 de julio y mañana del 18 de julio de 1936.
Interior del *despacho del Gobernador Civil de Las Palmas de Gran
Canaria. El despacho del gobernador que es bastante amplio, en
el que hay una mesa escritorio repleta de papeles, que están
colocados por montones, un teléfono negro a la derecha de la mesa
y un ventilador detrás de la mesa a la derecha. Hay una bandera
de la República a la izquierda de la mesa, una fotografía del
presidente de la República en la pared que está detrás del
escritorio, un sillón negro de dos plazas en frente del escritorio y
una radio color caoba en un rincón del despacho. También hay un
gran balcón con las ventanas abiertas, desde el que se ve con
claridad el parque San Telmo y el antiguo muelle de Las Palmas.)*

ACTO I

ESCENA I

(Una de la madrugada. *El gobernador está sentado en su escritorio firmando unos documentos. Viste una camiseta blanca de manga corta con dos botones desabrochados y un pantalón negro. Entra su secretario que le hace entrega de un telegrama y se acerca al escritorio con la cara desencajada.*)

JOSÉ: Señor Gobernador, han traído este telegrama. Viene de la Presidencia del Gobierno.

ANTONIO: (*Deja la pluma encima de un papel, levanta la cabeza y pregunta con mucho interés.*) ¿De la Presidencia?

JOSÉ: Sí, señor.

(*El Gobernador coge el telegrama y lo lee. Se levanta muy despacio.*)

JOSÉ: ¿Son malas noticias, señor?

ANTONIO: (*Deja el telegrama en la mesa, se quita las gafas de pasta, las pone encima del telegrama y habla muy lentamente.*) Sí, José, muy malas. Ha habido un levantamiento militar en Melilla y ha sido un éxito. Póngame con el teniente coronel de la Guardia Civil, Emilio Baraibar. Necesito hablar con él urgentemente.

ESCENA II

(*El secretario sale del despacho. El gobernador se sienta y vuelve a leer el telegrama. Abre uno de los cajones de su escritorio, saca una botella de ron y un vaso. Abre la botella, echa un poco de ron y se lo bebe de un trago. Coge la botella y el vaso y los guarda en el cajón. Se levanta, se dirige hacia el balcón y contempla la ciudad. Da la espalda al público. Está allí unos instantes, respira profundamente y vuelve hacia la mesa. Vuelve a coger el telegrama, lo lee, camina de un lado a otro, inquieto y habla solo.*)

ANTONIO: ¿Quién me mandaría a mí a aceptar este destino en el culo del mundo? ¡Maldita sea! Ellos lo sabían. El rumor se oía hasta en la Conchinchina. Era cuestión de tiempo que los militares se terminaran por levantar. Ya lo intentaron hace unos años y no han dejado de conspirar. Después de los asesinatos del teniente Castillo y de Calvo Sotelo comenzó la cuenta atrás. Este país no tiene arreglo, encima los locos de los anarquistas poniendo bombas a diestro y siniestro y los desalmados de los falangistas que tampoco se quedan atrás con sus tropelías. (*Se acerca a la foto de Azaña, la observa con detenimiento y habla con ella.*) ¿Es que esperabas otra cosa? Tú lo sabías. Todos en Madrid lo sabían. ¡Era un puto secreto a voces! Ahí están los informes de tus servicios secretos. ¿Por qué no les hiciste caso? (*Sube el tono de voz sin llegar a gritar.*) ¡Dos cojones es lo que hacía falta para pararle los pies a los golpistas, pero preferiste mirar hacia otro lado y destinarlos a la periferia! ¿Qué pensabas, que se iban a olvidar de conspirar? Ellos tienen una idea de España muy distinta a la que tienes tú, a la que tenemos nosotros. A ellos les importa un comino los más débiles, no creen en revoluciones porque temen perder sus privilegios y tienen las armas para impedirlo. (*Silencio largo.*) ¿Por qué no los pasaste a la reserva? (*Grita.*) ¡¿Por qué?! ¡¿Es que no lo tenías claro?! Hubieras acabado con el problema de un plumazo. Estos no son como Sanjurjo, Presidente, estos no, estos saben qué tienen entre manos. Sanjurjo es un maldito iluminado, un chiflado al que nadie hace caso, pero Mola, Franco y Goded son harina de otro costal. Esos son los que están detrás de lo de Melilla y no van a parar hasta que nosotros los paremos.

(Suena el teléfono, el gobernador se acerca a la mesa, lo coge y contesta. Al tiempo acaricia la bandera republicana de forma inconsciente.)

ANTONIO: ¿Emilio? Buenas noches, Emilio. ¿Que por qué te llamo? Sí, sí es grave. Si no, no te hubiera llamado. Ha habido un levantamiento militar en Melilla que ha sido un éxito. Sí, sí, en Melilla. Acabo de recibir un telegrama de Casares Quiroga en el que me confirma el levantamiento. Sí, supongo que es el comienzo de algo más gordo, que no sé si quedará ahí, pero mucho me temo que esta noche no vamos a dormir. ¿El general Franco? El último informe que me dieron, me dice que está en el hotel Madrid. ¿Que si lo tengo vigilado? Sí, por supuesto que sí. ¿Si está implicado? *(Silencio corto.)* Sí, creo que sí. El gobierno sabía que tarde o temprano los militares darían ese paso. Ya sabes, Mola, Goded y Franco no se van a quedar fuera. Melilla es el comienzo, es el ariete. Y tú, ¿con quién estás? Sí, sí, tú. *(Silencio.).* ¿Emilio, sigues ahí? Pensé que se había cortado la comunicación. Bien, bien, no esperaba menos de ti, Emilio. Defender a la República es lo que nos queda. ¿Que qué pienso de la muerte del general Balmes? *(Silencio corto.)* ¿Tú qué crees? *(Pregunta con ironía.)* ¿Un accidente? No, no, no fue un accidente. Esa es la versión oficial que ellos han montado. Sí, claro, ellos pueden decir lo que quieran.

Ya sabes que el papel lo aguanta todo, pero los hechos son los que son y un militar con la experiencia de Balmes no puede tener un accidente como ese. A Balmes lo asesinaron como a un perro. Tú eres militar. ¿Desencanquillarías una pistola como lo hizo el general, apoyando el cañón en el estómago? Claro que no. Entonces me estás dando la razón. Balmes era un obstáculo y este levantamiento de Melilla lo confirma. Se han quitado un problema de encima. Solo con el tiempo lo sabremos. Sí, sé que no estuvo en la reunión del monte de la Esperanza. Sí, ese es un detalle muy importante que refuerza lo que estamos hablando. Ya sé que es mucho suponer, Emilio, pero me imagino que quitarse de encima a un general con la experiencia de Balmes, les allana mucho el camino. Nuestros servicios secretos lo situaban al lado de la República. También sabemos que se reunió con Franco hace dos meses en Madrid y que no salió muy contento, pero eso nunca lo sabremos. Sí, sí, ya te digo, la situación es muy grave. Hay que esperar acontecimientos. Vente al Gobierno Civil desde que puedas. Necesitaré de tu apoyo y de tus consejos. Te espero.

(El gobernador cuelga el teléfono. Se quita las gafas, las pone en la mesa, se frota los ojos, la cara y se sienta. Luego levanta el auricular y le habla a su secretario.)

ANTONIO: José, póngase en contacto con la Casa del Pueblo, alerte a los líderes sindicales de la sublevación militar en Melilla y que estén atentos a los acontecimientos. (*Grita.*) ¡Me da igual la hora que es! ¡Localícelos! (*Cuelga golpeando el auricular contra el teléfono.*)

ESCENA III

(*Se oyen dos toques en la puerta y asoma la cabeza el secretario del gobernador.*)

JOSÉ: Está aquí, Ballester, señor.

ANTONIO: Dígale que pase.

(*Entra Ballester que es un hombre delgado, de no más de un metro setenta, lleva gafas de pasta negra y un fino bigote y barba de pocos días. Viste una camisa blanca de manga larga, con corbata, un traje gris oscuro y un sombrero negro. Se acerca al perchero, se quita la chaqueta y la cuelga. Después se quita el sombrero y lo coloca justo al lado de la chaqueta.*)

ANTONIO: (*El gobernador sigue sentado.*) ¿Dónde está Franco?

BALLESTER: Sigue en el hotel Madrid. El hotel parece un búnker. Está totalmente rodeado de militares.

ANTONIO: ¿Ya sabe lo de Melilla?

(*El agente secreto se dirige hacia el balcón y se queda mirando unos instantes hacia la calle. Luego gira y se dirige hacia donde está el gobernador.*)

BALLESTER: Sí, lo he sabido hace una hora. ¿Qué tiene pensado hacer? La situación es muy grave, señor.

ANTONIO: (*El gobernador se quita las gafas con la mano derecha, saca un pañuelo de su bolsillo con la izquierda, limpia las gafas y se las vuelve a poner.*) Hay que esperar a ver qué nos dicen de Madrid.

BALLESTER: Usted sabe muy bien que Franco está en esta conspiración, Gobernador. Tenemos que actuar ahora que podemos. Déjeme que organice un equipo de intervención para detener al general Franco y ponerlo bajo arresto hasta que sepamos algo del gobierno de la República.

ANTONIO: (*Se levanta y se dirige hasta dónde está Ballester.*) Espero que no se le haya subido a la cabeza eso de Agente Secreto de primera clase. No voy a mover un dedo hasta que no sepa, a ciencia cierta, de que bando está Franco. Por ahora solo sabemos lo de Melilla.

BALLESTER: (*Suelta una carcajada sonora.*) ¿De qué bando está Franco? (*Eleva la voz.*) ¿Usted se está oyendo? Si no lo está, lo estará. Usted mejor que nadie debería saberlo. Franco es un golpista y desde que pueda cogerá esa bandera. No le quepa la menor duda. Por esa razón le digo que deberíamos intentar detenerlo como medida de precaución. Tenemos suficientes números de la Guardia Civil y de la Policía de Asalto para realizar esa acción.

ANTONIO: No, Ballester, no voy a autorizar ningún tipo de actuación hasta que no tenga más datos. Además, usted mismo lo ha dicho, el hotel Madrid está rodeado por los militares y enviarlo a usted allí con la orden de detener al general Franco sería un suicidio. No lo voy a consentir.

(Ballester se dirige al perchero molesto, coge su chaqueta y se la pone. Después coge el sombrero y también se lo pone. Se dispone a salir del despacho.)

ANTONIO: ¿A dónde va?

BALLESTER: *(Abriendo la puerta.)* A seguir haciendo mi trabajo, Gobernador. No quiero perder de vista a Franco. Aquí no hago nada.

ANTONIO: Ya sabe lo que le he dicho. No quiero locuras, Ballester. Limítese al control y vigilancia.

(Ballester gira la cabeza y se le queda mirando unos instantes con el rostro serio y luego sale del despacho.)

ACTO II

ESCENA I

(Dos de la mañana del 18 de julio de 1936. El gobernador está en el despacho junto con el teniente coronel de la Guardia Civil. El gobernador está sentado y el teniente coronel de pie frente a él. El teniente coronel se quita la chaqueta, la coloca en el perchero, se afloja la corbata y se acerca al gobernador.)

EMILIO: Me han llamado de Madrid y me han ordenado que capture a Franco vivo o muerto. Estos están locos.

ANTONIO: A mí también me lo han ordenado, Emilio. Dicen que está implicado en el golpe. Interceptaron un telegrama que lo confirma. Está en el ajo. Lo que no sabemos es hasta qué punto.

EMILIO: Al venir hacia aquí he visto muchos militares por los alrededores. Creo que están tomando la ciudad. ¿Qué hacemos?

ANTONIO: Esperar, esperar. He enviado a un agente a averiguar dónde está Franco y qué está haciendo. Lo último que sabíamos es que estaba en el hotel Madrid.

EMILIO: Si Franco está en el ajo, mucho me temo que este levantamiento va muy en serio. Lo de Melilla solo es el principio. Habrá que tomar alguna medida para parar el golpe, aunque con todos los militares de esta plaza al lado de Franco, poco o nada podemos hacer. Ahora comprendo, perfectamente, el supuesto accidente de Balmes.

ANTONIO: Sí, está claro como el agua. Balmes tenía el mismo rango que Franco y era muy respetado por sus compañeros. Si estuviera vivo, estoy convencido de que se hubiera opuesto al golpe y ese hubiera sido un gran problema para los rebeldes. Como te dije antes por teléfono, Balmes era una pieza incómoda en el tablero y por esa razón la eliminó sin contemplaciones.

EMILIO: Habrá que tomar una decisión, Antonio. Tenemos una orden directa del Gobierno para detener vivo o muerto al general Franco. La cuestión es cómo lo vamos a detener, con todas las fuerzas militares bajo sus órdenes.

(El Gobernador saca la botella de ron del cajón y dos vasos. Echa un dedo de ron en cada uno de ellos. Se levanta y le da uno de los vasos al Guardia Civil. El gobernador se lo bebe de un trago y deja el vaso en la mesa. El teniente coronel hace lo propio. Se quedan en silencio durante veinte segundos.)

ANTONIO: Tú eres militar y sabes que llevar a cabo una acción de esa envergadura es muy complicada y más sabiendo quién es el sujeto. Franco no es tonto y sabe muy bien lo que hace. Ese es de los que no da puntada sin hilo. Tenemos que ser realistas, pensar muy bien cada una de nuestras acciones y sus consecuencias sociales y personales.

EMILIO: ¿Consecuencias sociales y personales? No te entiendo.

ANTONIO: Sí, Emilio. Si el general Franco ha dado ese paso, lo habrá hecho sabiendo quiénes estaban con él y quiénes no. La única forma de detenerlo es usando la fuerza y que yo sepa solo contamos con tus hombres, con algunos guardias de asalto y los sindicatos. Eso y nada es lo mismo. Había pensado armar a los civiles, pero, ¿con qué armas? Además, sería una carnicería inútil. Los militares son más, están mejor preparados y están muy bien armados. Después están las consecuencias personales. ¿Hasta dónde somos capaces de llegar por defender a la República? ¿Hasta la muerte? Tú y yo sabemos que aquí, esta misa ya está dicha. Solo nos podría salvar una intervención inmediata de las fuerzas de Madrid, pero conociendo el percal, estas islas estarán al final de la lista de una posible intervención. Tú y yo sabemos que primero están las capitales de provincia.

(*Silencio.*) (*El guardia civil camina de un lado para otro, despacio y pensativo.*)

EMILIO: (*Repite la pregunta, temeroso.*) ¿Hasta la muerte? ¿Y qué será de nuestras mujeres y de nuestros hijos? Yo no temo por mí, sino por mi familia. Soy un militar y como tal me atengo a las consecuencias, pero mi familia no tiene por qué pagar por mis acciones. Y tú sabes muy bien que las rebeliones, las revoluciones y las guerras se saben cómo empiezan, pero no cómo terminan. Es tal la fractura social en la que vivimos, que todo se magnifica. Hoy por hoy, o estás conmigo o estás contra mí y si estás contra mí, acabarás ante un pelotón de fusilamiento. Ya viste cómo Franco gestionó la revolución de Asturias. No se anduvo con contemplaciones y la represión fue brutal. Ahora no será diferente. Aplastarán a los opositores al golpe. En definitiva, nos aplastarán como a cucarachas.

(*Silencio.*)

ANTONIO: Sí, nuestras familias son muy importantes y también nuestras vidas, pero hemos jurado defender a la República hasta sus últimas consecuencias. Solo espero que esto se quede aquí, en una intentona, porque de no ser así, al final, solo quedará la muerte. Por esa razón hay que analizar muy bien los puntos a favor y los puntos en contra. La orden que nos han dado es capturarlo vivo o muerto y ejecutar esa orden tiene para nosotros consecuencias impredecibles.

EMILIO: (*Se dirige hacia el balcón y le da la espalda al gobernador.*) Sé que hay que construir todos los escenarios posibles y valorarlos en su justa medida, pero ¿qué es más importante, el cumplimiento de la orden o sus consecuencias? Soy militar. Me han enseñado a cumplir las órdenes sin preguntar y aunque como tú dices, esta tiene muchas aristas que desconocemos. Sin embargo, hay que ser realistas; capturar vivo al general Franco, es una tarea que se me antoja del todo imposible. (*Eleva la voz.*)

Somos cuatro gatos que maúllan en la madrugada a ver si alguien les escucha.

ANTONIO: Hay que esperar. Los acontecimientos nos dirán qué hacer.

(*Se oyen dos toques en la puerta del despacho del gobernador.*)

ESCENA II

(*Se abre la puerta y el secretario asoma la cabeza.*)

JOSÉ: Perdón, señor, está aquí Ballester.

ANTONIO: Dígale que pase.

ANTONIO: ¿Qué novedades nos traes? ¿Conoces al Teniente Baraibar?

BALLESTER: No, no tengo el gusto, pero sé quién es. (*Se acerca y saluda al guardia civil.*)

ANTONIO: (*Se levanta y se acerca al agente secreto.*) Entonces, ¿qué noticias hay de Franco? ¿Sigue en el Madrid?

BALLESTER: Ya no está en el hotel. Se ha ido a la Comandancia Militar. Salió custodiado por dos coches militares y la plaza estaba completamente tomada por ellos.

EMILIO: Ahora sí que tenemos un problema, Antonio. (*Cogió la botella de ron, llenó medio vaso y se lo bebió de un trago. Puso el vaso sobre la mesa de un golpe.*) La comandancia es inexpugnable. La conozco a la perfección. Franco se ha buscado un refugio muy seguro.

ANTONIO: (*Vuelve hacia su mesa, coge la botella de ron y mira a Ballester.*) ¿Un trago?

BALLESTER: No, gracias. El alcohol no me deja pensar y en estos momentos necesito estar despierto.

ANTONIO: (*Se sirve un trago y se lo bebe. Deja la botella y el vaso encima de la mesa.*) Ha buscado el lugar más seguro que hay en esta isla. No quiere poner su vida en peligro. Estoy convencido que ya sabe cuál es la orden de Casares Quiroga y no quería correr el más mínimo riesgo. Ya sabe que van a por él y sabe que en esta tierra hay personas dispuestas a atentar contra su vida.

BALLESTER: Si querían detenerlo o quitarlo de en medio, el lugar era el hotel Madrid. Hubiera sido una operación complicada, porque el hotel y sus alrededores estaba tomado por los militares, pero se podría haber intentado.

ANTONIO: (*Se acerca a Ballester.*) ¿Tú sabías cuál era la orden?

BALLESTER: Sí, claro. Recuerde que trabajo para el servicio secreto y los telegramas pasan por muchas manos, señor.

ANTONIO: ¿Qué posibilidades hay de asesinar al general Franco?

(*Silencio.*)

EMILIO: (*Se acerca al gobernador.*) ¿Estás hablando en serio, Antonio? (*Eleva la voz.*) Es una locura y un suicidio colectivo.

ANTONIO: (*Se dirige con paso lento hacia el balcón.*) Solo estoy planteando la posibilidad de llevar a cabo esa acción y cumplir con el mandamiento del gobierno. No estoy pensando en las consecuencias, Emilio. Todos somos conscientes y nos hacemos una ligera idea de lo que significa acatar las órdenes del gobierno.

BALLESTER: El único momento puede ser cuando salga de su guarida, con una bomba o con un franco tirador experto.

EMILIO: (*Con incredulidad y subiendo el tono de voz.*) ¿Estamos hablando en serio de matar a Franco? ¿Una bomba? ¿Pegarle un tiro? No estoy soñando, ¿verdad?

(*Silencio.*)

ANTONIO: (*Habla con tranquilidad.*) Sí, Emilio, de eso justamente. Es la manera de pararle los pies. Solo estoy valorando la posibilidad de cumplir con el mandamiento de nuestro gobierno. ¿Tú que propones, Emilio? Te escuchamos.

EMILIO: (*Muy alterado. Se quita la corbata y la arroja en el sillón.*) Eso sería un suicidio para nosotros y para nuestras familias. Tenemos que pensar en las consecuencias. Antes lo dijiste. ¿Recuerdas? Las consecuencias personales y sociales. Si matamos a Franco, irán a por nosotros sin contemplaciones. Sabes muy bien que nos matarán como a perros en el mejor de los casos, Antonio. Yo conozco las cabras que guardo.

(Suena el teléfono cuatro veces y el gobernador lo coge.)

ANTONIO: Dime, José. ¿Una llamada de Casares Quiroga? Pásemelo. (*Silencio. El gobernador mira a sus compañeros. Tensa la mandíbula.*) Sí, señor. Estaba en un hotel de la ciudad, el hotel Madrid, pero ahora está en la Comandancia Militar. Ya, claro. El telegrama está claro, detenerlo vivo o muerto, sin embargo, la situación aquí es muy difícil, señor. La ciudad está controlada por los militares. Están por todos lados. ¿Que cómo lo sé? Nuestros informadores están en la calle, señor. Lo han visto con sus propios ojos. Sí, una acción de ese calibre necesita de un apoyo logístico y militar que no tenemos. Póngase en mi lugar, señor. Aquí estamos solos. En frente tenemos a los militares de esta plaza, armados hasta los dientes y dispuestos a todo. Sí, por supuesto, intentaremos llevar a cabo su orden expresa. ¿Con quiénes contamos? La Guardia Civil está con nosotros y algunos números de la Guardia de Asalto. ¿El número? No, no sabemos. He alertado a los sindicatos, pero desconozco en qué situación están. Sí, sí, señor, la orden está clara. Matar a Franco. ¡Viva la República!

(El gobernador cuelga el teléfono. Coge la botella de ron, se llena medio vaso. Se queda un instante mirando el vaso, con la mirada perdida y se lo bebe de un trago. El agente secreto Ballester y el teniente coronel lo observan sin decir nada.)

ANTONIO: (*Con el rostro tenso y alzando la voz.*) Ahora quieren que yo arregle lo que ellos no pudieron o no quisieron. ¡Ellos sabían qué estaban tramando Mola, Goded y Franco! ¡Lo sabían! (*Camina hacia el balcón.*) Ahí están los informes del servicio secreto. Solo se limitaron a alejarlos de Madrid, cuando lo que se tenía que haber hecho era pasarlos, a los tres, a la puta reserva y asunto arreglado, pero no, pensaban que desde sus destierros no iban a mover ficha. (*Gritando.*) ¡Pues ahí los tiene, señor Quiroga! ¡Conspirando delante de sus narices! ¡Han empezado en Melilla! ¿O no sabían que desde el treinta y dos estaban con Sanjurjo, pero que lo dejaron más solo que la una, porque el plan hacía aguas por todos lados? Sanjurjo desoyó las órdenes directas de Mola. Había que esperar el momento oportuno. Era cuestión de tiempo que se levantaran en armas y lo han hecho. «Deténgalo o mátelo, Antonio, hay que parar el primer golpe.» me dijo. ¡Cómo si eso fuera tan fácil! ¡¿Dígame cómo, señor Quiroga?! ¡¿Cómo matamos al general Franco?!

(*Camina hacia su escritorio, despliega la bandera republicana y se sienta. Se quita las gafas, se frota los ojos y respira profundamente.*)

EMILIO: Lo prudente es esperar. No cabe otra, Antonio. Ver qué pasa y luego actuaremos.

ANTONIO: ¿Esperar? ¿Actuar? Esperar tendremos que esperar, porque ellos han tomado la delantera, han pegado primero. Estamos aquí encerrados sin poder hacer nada. Ellos tienen las armas y con ellas el poder.

BALLESTER: Tendríamos que haber actuado antes, señor, cuando Franco estaba en el Madrid. Haber organizado un grupo de asalto de diez o quince hombres bien armados. (*Eleva la voz.*) ¡Hemos perdido una gran oportunidad!

(*El gobernador se levanta, se dirige al agente secreto Ballester y se coloca a un palmo de su cara.*)

ANTONIO: (*Elevando la voz.*) ¿Dirige usted el Gobierno Civil? Tengamos la fiesta en paz, Ballester. Bastante tengo con lo que tengo entre manos para que venga usted a decirme lo que tenía o no tenía que haber hecho. Sé perfectamente que ese era el momento ideal, pero no teníamos todos los datos hasta hace unas horas y usted sabe mejor que nadie que una empresa de ese calibre necesita estar muy bien planificada.

BALLESTER: Yo solo quería hacer constar ese detalle, no otra cosa, señor. El hotel Madrid era el lugar idóneo para intentar detener al general Franco.

ANTONIO: Ya sé que el Madrid era el lugar perfecto, pero sabe qué le digo, (*eleva la voz.*) que me importa un carajo lo que usted piense. Usted está aquí para cumplir las órdenes del gobierno. Si no, puede salir por esa puerta y unirse a los facinerosos. Aquí necesitamos hombres que arrimen el hombro y ayuden a tirar del carro.

(*Suena el teléfono. El gobernador se acerca a su escritorio, lo coge de forma automática y contesta casi gritando.*)

ANTONIO: Dígame, José. ¿El general Franco? ¿Que quiere hablar con Baraibar? (*El gobernador mira la hora en su reloj de pulsera, mira al teniente coronel y le hace señales con la mano izquierda para que se acerque hasta donde está él. Le entrega el teléfono al guardia civil. Este lo coge y mira a los ojos al Gobernador. Al cogerlo le tiembla un poco el puso.*)

EMILIO: No, señor, no puedo hacer lo que usted dice. Estoy y estaré con la República. Lo que España necesita es que se respete el orden constitucional, señor. Sí, sí, le entiendo. Claro, me atendré a las consecuencias. Me lo he pensado muy bien, señor. Sí, soy un militar y sé que órdenes tengo que acatar y cuáles no. La suya no la voy acatar porque tengo órdenes superiores. Que tenga un buen día.

(*Le pasa el teléfono al gobernador y este cuelga.*) (*Silencio.*)

EMILIO: El asunto está claro, señores. El golpe militar está en marcha y el general Franco está involucrado hasta los tuétanos. Ya no cabe ninguna duda al respecto. Me ha pedido que me adhiera al levantamiento militar. Ustedes conocen el resto.

(*El gobernador se remanga la camiseta blanca por encima de los codos, se pone otro trago de ron y se lo bebe.*)

ANTONIO: Ballester, salga y averigüe cómo está la situación en la calle. Acérquese a la Casa del Pueblo y contacte con los sindicatos e infórmeles de lo que sabemos hasta ahora. Después regrese.

ESCENA III

(5.15 de la mañana. Se oyen tres toques en la puerta y entra el secretario dando voces muy exaltado.)

JOSÉ: ¡Pongan la radio! ¡Pongan la radio! Está hablando el general Franco para toda España.

(El gobernador enciende la radio que está en un rincón de su despacho y todos se colocan alrededor del aparato radiofónico. Se oye en off la alocución del general Franco en el que declara el Estado de Guerra. Se oscurece por completo el escenario con un foco iluminando a la radio. No se lee todo el texto, solo una parte y a medida que se lee se va disminuyendo el sonido hasta que el escenario se queda totalmente en silencio.)

Franco: *«¡Españoles! A cuantos sentís el santo nombre de España, a los que, en las filas del Ejército y la Armada, habéis hecho profesión de fe en el servicio de la patria, a cuantos jurásteis defenderla de sus enemigos hasta perder la vida, la nación os llama a su defensa. La situación en España es cada día más crítica; la anarquía reina en la mayoría de los campos y pueblos; autoridades de nombramiento gubernativo presiden, cuando no fomentan, las revueltas; a tiro de pistola y ametralladoras se dirimen las diferencias entre los asesinos que alevosa y* *traidoramente os asesinan, sin que los poderes públicos impongan la paz y la justicia. Huelgas revolucionarias de todo orden paralizan la vida de la población, arruinando y destruyendo sus fuentes de riqueza y creando una situación de hambre que lanzará a la desesperación a los hombres trabajadores. Los monumentos y tesoros artísticos son objeto de los más enconados ataques de las hordas revolucionarias, obedeciendo a la consigna que reciben de las directivas extranjeras, con la complicidad y negligencia de los gobernadores de monterilla.*

Los más graves delitos se cometen en las ciudades y en los campos, mientras las fuerzas de orden público permanecen acuarteladas, corroídas por la desesperación que provoca una obediencia ciega a gobernantes que intentan deshonrarles...»

(*Silencio* de diez segundos.) (*La luz vuelve paulatinamente e ilumina el escenario y todos los presentes se miran unos a otros. El gobernador apaga la radio, el secretario sale del despacho y cierra la puerta. El gobernador se dirige a su mesa, se sienta, coge la botella de ron, se llena medio vaso y se lo bebe de un trago. El resto de compañeros se mueven despacio, mirándose unos a otros. El teniente coronel se sienta. Ballester permanece de pie. El gobernador levanta el auricular del teléfono le da varias veces como buscando línea. Golpea con rabia y fuerza, cuatro veces, el auricular y llama gritando a su secretario.*)

ANTONIO: ¡José! ¡José! ¡¿Qué coño pasa con la línea!?

ESCENA IV

(*El secretario entra en el despacho.*)

JOSÉ: Señor, han bloqueado la línea. Estamos incomunicados.

ANTONIO: (*Se levanta y grita.*) ¡¿Incomunicados?! ¡Maldita sea! ¡Necesito hablar con Madrid! Vuelve a intentarlo, José, quizás se deba a un fallo temporal. ¡Necesito hablar con Madrid!

JOSÉ: No, señor, no es un fallo temporal. La línea está muerta, pero lo volveré a intentar.

(*El secretario sale del despacho.*)

ESCENA V

(Entra Ballester y se dirige hacia la mesa del gobernador.)

EMILIO: Era cuestión de tiempo. El control de los medios de comunicación está en el manual básico de todo golpista. Ahora estamos a ciegas. Es la forma más clara de tenernos bajo su control. No podemos dar un paso sin que ellos se enteren.

BALLESTER: Los militares han tomado la ciudad. Todos los puntos estratégicos están en sus manos. La incógnita a despejar es saber cuándo se decidirán venir a por nosotros. A estas horas creo que somos el único foco de resistencia.

(El gobernador sigue en su mesa con las manos en la cabeza mirando hacia abajo. No dice nada.)

EMILIO: A estas horas los milagros no existen. El general Franco sabe perfectamente qué está haciendo. Está moviendo sus piezas y el primer movimiento comenzó en Melilla, el segundo ha comenzado aquí. Habrá que esperar para conocer los siguientes.

(*El gobernador se levanta. Muy despacio se dirige hacia el balcón y mira hacia fuera. Se gira y habla con pesadez, como si estuviera aturdido.*)

ANTONIO: Los militares están delante del edificio. Han colocado tres piezas de artillería apuntándonos.

(*El guardia civil se dirige hacia el balcón junto con Ballester, mientras que el gobernador se dirige a su mesa. Al poco se van girando uno a uno, hasta que se queda solo el agente secreto Ballester.*)

ANTONIO: Visto lo visto, señores, el que quiera puede salir por esa puerta y abandonar el edificio. Ahora sabemos, con total seguridad, que los rebeldes tienen pensado atacar y si lo hacen, habrá que aceptar las consecuencias. Emilio, antes hablaste de tu MUJER y tus hijos, de que temes por ellos. Ahora es momento de irte. Cada minuto que pasa, esa puerta se hará más pequeña y llegará un momento en el que no podamos salir.

(*Silencio.*)

EMILIO: (*Se acerca al Gobernador.*) Ya te dije que estoy con la República y no abandonaré el barco como una rata cobarde. Permaneceré aquí hasta las últimas consecuencias, Antonio.

ANTONIO: (*Habla con tristeza y preocupación.*) Yo no soy tan optimista y menos después de oír la locución del general Franco. Él sigue el plan previsto. Usted, Ballester, también puede irse.

Ballester: Yo también me quedo, Gobernador. Mi sitio está aquí, junto a usted. Juré lealtad a la República y eso haré.

(*Se oyen voces fuera del despacho, casi gritos. Se oye en off una voz que dice: ¡Quiero hablar con el gobernador!*)

(6.30 de la mañana del 18 de julio de 1936. Entra el secretario seguido de un militar que no lo deja hablar, lo empuja para abrirse camino y se dirige sin pausa hacia el gobernador. Se detiene delante de él.)

GENERAL: Soy el general Luis Orgaz Yoldi y le vengo a hacer entrega del bando de guerra firmado por el general Franco, en el que queda usted relevado de su cargo, por tanto, le conmino a que resigne el cargo. En este acto le hago entrega del bando.

(El general le entrega el escrito al gobernador. Este se levanta coge el bando, lo rompe en cuatro trozos y lo lanza al aire con un golpe seco.)

ANTONIO: (*Elevando la voz, casi gritando.*) Dígale al general Franco que no resignaré el mando porque no reconozco su autoridad. La única autoridad que reconozco es la de la República. Ustedes son unos usurpadores. Dígale que el gobierno de la nación le ordena que deponga su actitud y restablezca el orden constitucional.

(*El general tira de la chaqueta militar hacia abajo, luego de sus puños y da un paso hacia atrás.*)

GENERAL: Si no lo sabe, se lo digo yo. Están solos. (*Mientras habla, mueve mucho sus manos.*) La ciudad está tomada y solo es cuestión de tiempo. No podrán resistir mucho más aquí. Usted lo sabe, o salen por las buenas o saldrán con los pies por delante. Ya ha visto las piezas de artillería que hay fuera. Cuando menos se lo esperen comenzaremos el asalto. Le aseguro que será más pronto que tarde y no tendremos compasión con ninguno de ustedes. ¿Me ha entendido, señor Boix?

ANTONIO: ¿Me está amenazando?

GENERAL: Sí, pero no se equivoque. No es un farol. Lo han visto con sus propios ojos. Tenemos la sartén por el mango. La ciudad está totalmente bajo nuestro control. Solo quedan ustedes, así que sea inteligente y salga por esa puerta con la cabeza alta. Recuerde que el tiempo se les acaba.

(*Silencio.*) (*Los dos se miran con firmeza. El gobernador
aprieta la mandíbula.*)

ANTONIO: (*Casi gritando.*) ¡Salga de mi despacho, general!

(*El general sale con grandes zancadas del despacho del
gobernador.*)

ESCENA VII

EMILIO: (*Camina de un lado a otro del despacho, con las
manos cruzadas en la espalda.*) Conozco muy bien al general
Orgaz y créanme, no habla por hablar. No dudará en volar por
completo este edificio con nosotros dentro.

ANTONIO: (*Grita.*) ¡Ya se lo he dicho! No tienen por qué
permanecer ni un minuto más junto a mi lado. Yo soy el único que
tiene la responsabilidad de quedarme en mi puesto y no quiero tener
bajo mi conciencia la muerte de ninguno de ustedes. Saben que la
situación es crítica.

(*Se dirige hacia el balcón. Sus compañeros se quedan en silencio.*)

ANTONIO: (*Habla de espaldas, mirando hacia el horizonte.*) Está amaneciendo. Nos espera un día muy largo, señores. Solo espero que el gobierno de la República sepa resolver esta situación. España no se merece que volvamos a las cavernas. Ya tuvimos bastante con Primo de Rivera.

EMILIO: España no tiene solución, Antonio, cuando no son los anarquistas, son los falangistas. La fractura social es tan grande que algunos piensan que no queda otro camino que los sables y los tiros.

ANTONIO: La República quería revertir esa situación. Reducir esa fractura entre los más pobres y los más ricos. Sin embargo, algunos quieren que este país siga siendo un país en las que las desigualdades sociales sigan incrustadas en nuestras raíces, mantener el status quo de la represión al más débil, al que menos tiene, y, a golpes, no dejarle sacar la cabeza y, cortársela, si es preciso. (*Eleva lo voz y gesticula con sus manos.*) Los que están ahí fuera, señores, no temen a los bolcheviques, a los masones, ni a los demonios rojos, solo temen perder su poder. Un poder que les permite seguir viviendo como reyes. No quieren oír hablar de igualdad, de democracia, de derechos sociales, ni de nada que se le parezca porque eso significa perder gran parte de su pastel. La historia está llena de acontecimientos como el que estamos viviendo hoy; la lucha por el poder. Ahora quiero descansar, señores. Ustedes deberían hacer lo mismo. No sabemos cuánto tiempo vamos a estar aquí.

(Se oscurece el escenario poco a poco, hasta que queda en total oscuridad, solo la música clásica que se escucha en la radio.)

ACTO III

ESCENA I

(Son las diez de la mañana del 18 de julio del 1936. Se ilumina el escenario paulatinamente, y entra la luz del sol por las ventanas y el balcón del edificio. Los presentes se van desperezando, hasta que quedan todos en pie. Entra el secretario con una bandeja con café, leche, pan y pastas para todos.)

JOSÉ: Aquí tienen algo para comer. Tienen café, pan, leche y unas galletas.

ANTONIO: Gracias, José. Está usted en todo. Necesitamos reponer fuerzas. Si quieren, pueden darse una ducha, hay toallas y jabón en el cuarto de baño.

(*El secretario deja la bandeja sobre una mesa auxiliar y todos se van sirviendo en silencio. En ese momento suena el teléfono. El secretario se acerca, lo descuelga y contesta. Está en silencio unos instantes.*)

JOSÉ: Es el general Franco, quiere hablar con el teniente coronel Baraibar.

(*El teniente coronel deja una galleta a medio comer encima de la bandeja y coge el auricular.*)

EMILIO: (*Habla con tono seco y duro.*) ¿Sí? Sí, sigo aquí. Ya sé que el tiempo se nos acaba, general, pero como le dije, estoy con la República. (*Silencio.*) Sí, el general Orgaz nos ha puesto al corriente. No hace falta que me diga que soy un militar y que me debo a la patria, general. (*Eleva el tono de voz.*) Estoy resistiendo aquí por defender a la patria. Sí, general, la estoy defendiendo. Defiendo el orden establecido en las urnas. No, no son bolcheviques y masones, son personas que defienden la democracia. Usted pretende revertir el orden por la fuerza. No me repita que no me queda tiempo. Sí, pienso todo el tiempo en mi familia, general. No, no voy a cambiar de opinión. Adiós, general.

(El Guardia Civil cuelga el teléfono y suelta un gran suspiro como si se quitara un peso de encima.)

EMILIO: Más de lo mismo. Sigue insistiendo que abandone la resistencia, que aún estoy a tiempo sin que haya represalias, que me atenga a las consecuencias y que piense en mi familia.

ANTONIO: *(Se acerca al guardia civil, lo coge por los hombros con fuerza y lo mira fijamente a los ojos.)* No te lo pienses. Sal por esa puerta y llévate contigo a todos los números de la Guardia Civil. *(Grita.)* ¡Esta misa ya está dicha, solo un milagro parará esta locura!

(Silencio largo.)

EMILIO: Me quedo. Asumiré todas las consecuencias. He jurado ser fiel a la República y eso haré.

ANTONIO: Como quieras, Emilio. Gracias por tu apoyo, sabes que en estos momentos eres más necesario que nunca. (*Se acerca a su secretario.*) Siguen sin funcionar las líneas, supongo.

JOSÉ: Ellos controlan la centralita. Solo podemos recibir llamadas, como hemos comprobado.

ANTONIO: (*Habla nervioso.*) Necesito hablar con Madrid. Tener noticias de qué está pasando en España. Vuelva a intentarlo, José.

JOSÉ: Lo volveré a intentar, señor.

ANTONIO: Gracias.

(*El secretario sale del despacho.*)

ESCENA II

(Son las once de la mañana del 18 de julio del 1936.)

EMILIO: Ya saben que la incomunicación es una vieja estrategia militar. Nuestro desconocimiento de cómo está la situación ahí fuera, es su mejor baza. Estamos ciegos.

(El agente Ballester se acerca al balcón, se gira con rapidez.)

BALLESTER: *(Habla atropelladamente.)* Parece que hay movimientos en los alrededores de la Comandancia Militar. Los militares están tomando posiciones. Algo pasa. ¡Acérquense!

(Todos corren al balcón a ver lo que está pasando y miran hacia fuera.)

EMILIO: Parece que el general Franco sale. ¿A dónde se dirigirá? ¿Estará huyendo? *(Habla emocionado.)* ¿El golpe habrá fracasado?

ANTONIO: No nos caerá esa breva. Viajará a Tenerife con su familia a esperar acontecimientos y a dirigir el golpe en las islas.

BALLESTER: Su mujer y su hija no estaban en el hotel Madrid ni tampoco en la Comandancia, deben de estar en algún lugar seguro.

EMILIO: Parece que se sube a un coche oficial.

(Todos siguen en silencio mirando hacia el exterior.)

EMILIO: Va en dirección al muelle. Ahí se ve con claridad el remolcador España II.

ANTONIO: Sí, parece que el España II era su destino. Veo que ellos también están contra la República y han desobedecido la orden que les di. Ya no hay duda: el general Franco deja la isla. Quizás el levantamiento haya fracasado.

EMILIO: Esa puede ser una posibilidad, pero mucho me temo que no es así. Si observas bien el resto de los militares siguen en sus puestos, las milicias ciudadanas afines al golpe siguen aumentando y el detalle más importante, las piezas de artillería siguen ahí, apuntándonos. Quizás el golpe haya fracasado, pero no lo parece. Ahora más que nunca tenemos que resistir aquí a ver qué pasa.

(*Silencio largo.*)

BALLESTER: (*Habla con determinación.*) Esta es nuestra oportunidad de cumplir la orden de capturar vivo o muerto al general Franco. Soy un buen tirador. En la planta de abajo hay varios fusiles. (*Silencio corto.*) Con cualquiera de ellos puedo hacer blanco desde aquí e intentar matar a Franco.

(*Silencio largo.*)

EMILIO: ¡Eso es una locura y también nuestra condena de muerte, Ballester! ¡Piense en lo que está diciendo!

BALLESTER: (*Elevando la voz.*) Es nuestra última oportunidad, señores. Si Franco se marcha en ese barco no habrá vuelta atrás. Sé que es muy complicado tomar una decisión de ese calibre, pero es nuestra responsabilidad. Ya perdimos la ocasión de acabar con él en el hotel Madrid. Ahora lo tenemos a tiro. La República necesita una acción contundente para dejar el golpe herido de muerte. Si eliminamos al general Franco muy posiblemente el alzamiento habrá fracasado o recibirá un golpe del que le será muy difícil recuperarse.

(*Silencio.*)

BALLESTER: (*Se acerca al gobernador.*) El tiempo se acaba, gobernador. Tiene que tomar una decisión.

(*Silencio largo, al tiempo que camina de un lado para otro.*)

ANTONIO: Vaya a buscar el fusil.

EMILIO: (*Grita.*) ¡Antonio! ¡Si matamos al general Franco, ya sabes lo que pasará!

ANTONIO: (*Grita.*) ¡Ballester! ¡Vaya a buscar ese condenado fusil!

EMILIO: (*Se acerca al gobernador.*) Ten en cuenta que, si matamos a Franco, vendrán a por nosotros y luego a por nuestras familias y te aseguro que no tendrán piedad. Conozco muy bien a los falangistas. Tú sabes muy bien que Franco es una pieza más en el puzle conspiratorio de los militares. Mola, Goded y Sanjurjo son los que están dirigiendo los hilos del golpe. Canarias no tiene importancia. Si pierden Canarias, no pasa nada. (*Eleva la voz.*) El melón está en la península. Ya sabes dónde se juegan los cuartos; en Madrid y Barcelona. Si quitamos de en medio a Franco el levantamiento militar seguirá su curso.

ANTONIO: (*Aparta al teniente coronel.*) ¡Ballester tiene razón! Tenemos que acabar con esto, aunque nos cueste la vida. ¡La República nos necesita más que nunca! ¡Tenemos que intentar parar el golpe!

ESCENA IV

(*Entra Ballester con el fusil en sus manos.*)

BALLESTER: ¡Apártense, señores! No tenemos tiempo. (*Aparta a sus compañeros. Se prepara para disparar.*)

(*El teniente coronel le agarra el cañón y le arrebata la escopeta. Forcejean durante unos instantes.*)

EMILIO: Aquí nadie va a matar a nadie. Esto es una locura que alguien tiene que parar. Si matamos a Franco, todos saldremos con los pies por delante y, además, sería una muerte inútil que no nos llevaría a ningún lado.

(*Ballester forcejea con el teniente coronel para intentar recuperar el fusil. El guardia civil saca su pistola de reglamento, le apunta a la cabeza, al tiempo que tira la escopeta hacia el fondo del escenario.*)

EMILIO: (*Grita.*) ¡No me gustaría tener que volarle la cabeza, Ballester! Tengamos la fiesta en paz.

ANTONIO: (*Grita.*) ¡Ya está bien señores! ¡Ya está bien! (*Coge al agente secreto por el brazo.*) Ballester, déjelo estar. No hay nada que hacer. Emilio, tiene razón. No servirá de nada acabar con la vida del general Franco. ¿Qué ganaríamos?

(*Silencio.*)

BALLESTER: (*Se suelta con rabia de la presa del gobernador, se dirige a todos. Eleva la voz.*) ¿Qué ganaríamos? Cortarle un brazo a una bestia que quiere acabar con la República, pero yo sé lo que pasa aquí, caballeros. Ustedes solo están pensando en salvar sus vidas. ¿Es eso, verdad? (*Silencio.*) Son unos cobardes. La República los necesita y ustedes solo piensan en salvar su puto culo. Cuando esto acabe, sus nombres quedarán escritos en la historia, todos los recordaran como los cobardes que pudieron cambiar una parte de la historia y no lo hicieron.

(*Silencio.*)

BALLESTER: (*Se dirige hacia donde está el rifle, lo coge y vuelve al balcón. El teniente coronel lo sigue con la pistola en la mano.*) No vamos a tener otra oportunidad. Si Franco sale de esta isla no habrá nada que hacer. Se lo ruego señores, déjenme por lo menos intentarlo. No piensen en ustedes, piensen en la República.

141

ANTONIO: (*Mira hacia la calle y luego se dirige a Ballester.*) Si sale un solo tiro desde este balcón, los militares no dudarán, ni un segundo, en disparar con la artillería que tienen delante de este edificio y luego entrar a rematarnos como a perros. Y sí, Ballester, ahora es el momento de pensar en nuestras vidas y en las de nuestras familias. Desde aquí no tenemos nada que hacer.

BALLESTER: (Grita.) ¡Malditos cobardes! ¡Son unos malditos cobardes! ¡Sí, podemos hacer algo! ¡Podemos matar a Franco y parar esta locura! Pero, ¿en qué están pensando? ¿En qué?

EMILIO: (*Grita. Sigue con la pistola en su mano derecha y se pone delante de Ballester.*) ¡Es un suicidio! ¿No se da cuenta? Estamos pensando en nuestras vidas y la de los nuestros. Déjese de locuras y ponga el fusil en el suelo. No le voy a permitir que dispare ni un solo tiro. Además, ya no podrá alcanzar al general, el remolcador está fuera de tiro. Ya se está perdiendo en dirección sur.

BALLESTER: (*Deja el fusil en el suelo.*) ¿En dirección sur? Pero, ¿no iba hacia Tenerife? ¿Estará huyendo?

ANTONIO: No lo sabemos, pero da igual adonde se dirija, como si quiere ir a la China.

EMILIO: No está huyendo. (*Grita.*) ¡Mire a la calle! Los militares siguen controlando la ciudad. Si el golpe hubiera fracasado, comenzarían a replegarse y por lo que podemos ver, está ocurriendo todo lo contrario.

(*Todos se alejan del balcón y se dirigen hacia la mesa del gobernador.*)

EMILIO: ¿Qué hacemos, Antonio?

ANTONIO: Esperar a los acontecimientos, porque no sabemos qué nos depara el futuro. Además, sin comunicación con Madrid, poco o nada podemos hacer.

BALLESTER: (*Se sienta en el suelo, apoyando la espalda contra la pared y habla despacio y abatido. Se oscurece el escenario y un foco ilumina a Balleste*r.) Sí, son unos cobardes, unos putos cobardes que solo han pensado en salvar su culo. Quizás nadie sepa nunca lo que pasó aquí, quizás nadie sepa que tuvimos la oportunidad de acabar con uno de los cabecillas del golpe. Todo se quedará entre estas cuatro paredes, sin embargo, quiero que no se olviden de este momento, del momento en que pudimos matar a Franco.

(Oscuro.)

ACTO IV

ESCENA I

(Un cuarto en semioscuridad, solo está iluminado un viejo escritorio que está lleno de papeles. Al fondo hay una cama, con una mesilla de noche y una lámpara vieja. Encima de la mesilla hay una jarra de cristal con agua hasta la mitad y un vaso al lado. En un plato pequeño y encima una pastilla blanca. Se ve a un viejo sentado. Lleva puesto un pijama de rayas, muy parecido a los de los presos.)

ANTONIO: *(Coge una publicación de la constitución de la II República y le habla al libro. Habla despacio, casi susurrando y arrastrando las palabras.)* Sí, claro que sí, claro que pude hacer más por ti de lo que hice, pero había que estar allí, en aquel momento en el que el mundo que conocíamos empezaba a

desmoronarse. (*Abre las páginas interiores de la constitución. Lee
en voz alta y sube un poco el tono de voz.*). «*Artículo primero.
España es una República democrática de trabajadores de toda
clase, que se organiza en régimen de Libertad y de Justicia.
Los poderes de todos sus órganos emanan del pueblo.
La República constituye un Estado integral, compatible con la
autonomía de los Municipios y las Regiones.
La bandera de la República Española es roja, amarilla y morada.*»
(*Silencio.*)

Sí, pensábamos que los íbamos a parar, sin embargo, nos
equivocamos. Sí, nos equivocamos de todas, todas. Los dejamos
organizarse y acabaron con nuestros sueños. Los aplastaron.
(*Silencio.*) Los vimos venir y los dejamos pasar como Pedro por su
casa. Ellos dieron el primer golpe, directo a la mandíbula, nos
dejaron sin sentido y no supimos reaccionar a tiempo. Yo pensé
que teníamos fuerzas suficientes para parar el golpe, como hicimos
con Sanjurjo en el treinta y dos, pero no supimos hacerlo, no
sabíamos que estábamos tan solos. (*Silencio.*) Desde el primer día
supimos cómo eran los golpistas y que no iban a tener compasión
con nadie. Sí, las cunetas, las simas, los abismos del mar y los
pozos están llenos de las pruebas de su odio. Ya, ya te oigo, amiga,
ya te oigo. Sí, es verdad, yo me salvé de la pena de muerte y cuando
me muera, mi cuerpo tendrá una sepultura con mi nombre y
apellidos. Tendré un entierro decente. No como aquellos infelices
a los que sacaron de sus casas antes del amanecer y los silenciaron

para siempre de un tiro en la nuca. Ellos solo tienen una lápida de barro y margaritas. (*Grita.*) ¡Ya sé que lo dicen! ¡Ya lo sé! Que Franco me perdonó la vida porque no tuve los huevos de ordenar que le pegasen un tiro. ¿Crees que no le he dado mil vueltas a aquel día, a aquel momento? ¡Claro que lo teníamos a tiro! (*Silencio.*) (*Cierra la constitución y se levanta despacio, muy despacio como si llevara una mochila de 50 kilos a la espalda.*)

ESCENA II

(*Entra un hombre de mediana edad, no más de cuarenta años. Lleva gafas para leer, está vestido con un uniforme blanco y tiene un libro en la mano. Abre la puerta, entra y se acerca al viejo.*)

CELADOR: ¿Qué pasa, Antonio?

(*El viejo no contesta, se dirige hacia la cama y se sienta. El celador lo sigue y se sienta a su lado. Deja el libro sobre la mesilla de noche.*)

ANTONIO: ¿Tú crees que soy un cobarde?

CELADOR: ¿A qué viene esa pregunta, Antonio? ¿Te has tomado la pastilla para dormir?

ANTONIO: (*Sube el tono de voz.*) ¡Esas malditas pastillas no me dejan pensar! Y tengo que pensar, tengo que pensar y leer, pero contéstame, ¿crees que soy un cobarde?

CELADOR: No, no eres un cobarde. Aquello ya pasó, la guerra terminó y tú no tienes la culpa de nada.

ANTONIO: Muchos dicen que fui un cobarde, que me vendí a Franco el dieciocho de Julio por salvar mi vida. ¿Tú lo crees?

CELADOR: Yo sé poco de esa historia. Sé que fuiste Gobernador Civil y poco más. Ahora, tómate la pastilla y duerme que me queda una larga noche por delante.

ANTONIO: Muchas veces me he preguntado qué hubiera pasado si hubiera ordenado matar a Franco. ¿La historia hubiera cambiado? ¿Habría detenido el levantamiento militar? ¿Hubiera evitado la guerra civil? ¿Hubiera evitado los miles de muertos, los asesinatos, los fusilamientos, las torturas, el dolor, la rabia, la venganza y la traición?

CELADOR: (*Se levanta, se pone delante de él y le grita.*) ¡Antonio, por favor!, olvida todo eso. La guerra ya pasó, ellos ganaron y ustedes perdieron. Punto. ¡Se acabó la conversación! Si sigues con esas historias de loco, te pasarán por el garrote vil. ¡Olvida y duerme!

ANTONIO: ¿Olvidar? No, no puedo olvidar. Llevo sobre mis espaldas esa pena y jamás podré quitármela de encima. Aquel instante, aquel momento pudo cambiar la historia. Ahora lo sé.

CELADOR: (*Se vuelve a sentar junto a Antonio y le pregunta arrastrando las palabras y en un tono cansino.*) ¿Qué instante?

ANTONIO: Lo tuvimos a tiro durante unos minutos. (*Hace el gesto de tener en sus manos una escopeta, hace que dispara y grita los sonidos onomatopéyicos.*) ¡Pam, pam, pam! Tres tiros certeros y todo se hubiera acabado.

CELADOR: Vamos a dejarlo. (*Coge la jarra y llena un vaso de agua hasta la mitad. Después coge una pastilla del plato y se la da a Antonio. Antonio la coge.*) Toma la pastilla. Te ayudará a dormir. Mañana será otro día. No olvides que somos humanos y todos cometemos errores. Tú hiciste lo que tenías que hacer. Ya sabes eso que dicen: agua pasada no mueve molinos.

ANTONIO: (*Antonio se mete la pastilla en la boca. Luego coge el vaso de agua y se la bebe de un trago.*) ¿Sabes? Me ordenaron capturarlo vivo o muerto. No acaté las órdenes. Yo también pensé que lo detendríamos, que la República pararía los pies a los golpistas. Nos equivocamos. Yo el primero. Si hubiera sabido lo que iba a pasar, le hubiera pegado un tiro yo mismo, sin dudarlo un instante. Sí, lo tuvimos a tiro, pero pudo más el miedo a un baño de sangre que todo lo demás. Sí, el puto miedo nos atenazó como una serpiente. Lo recuerdo como si fuera ayer.

CELADOR: Así está bien. Venga acuéstate. Mañana será otro día y verás las cosas de otro modo. (*El celador le baja la ropa de la cama y lo ayuda a acostarse. Antonio se mete en la cama.*)

ANTONIO: No, lo triste es que la historia no se puede cambiar. No podemos volver al pasado y cambiarlo, no, no podemos cambiarlo.

CELADOR: Deja de hablar de matar al Caudillo. Tú pagaste tu pena. Ahora te toca descansar.

ANTONIO: (*Habla con susurros.*) No, no pagué mi pena, jamás podré pagarla. Yo tenía que haber muerto en un paredón por defender a la República. Sin embargo, estoy vivo. Solo espero, si hay Dios, que me perdone.

CELADOR: (E*n tono conciliador.*) Sí, Antonio. Venga, Duérmete.

(*El celador coge el libro de la mesilla de noche y apaga la luz.*)

ANTONIO: No me apagues la luz del escritorio. Cada día le tengo más miedo a la oscuridad porque cuando está oscuro aparecen los fantasmas. Ellos están esperando a que me muera.

CELADOR: Como quieras. La dejaré encendida.

(El celador sale de la habitación.)

ESCENA III

(Solo queda iluminado el escritorio en el escenario y se oye la voz de Antonio en la oscuridad.)

ANTONIO: Yo confié en ti, en que te revolverías como un tigre acorralado, que acabarías con los indecentes a zarpazos y que le arrancarías la cabeza a los generales golpistas. Sí, me equivoqué. Ya sé que me equivoqué. (*Silencio.*) (*Habla en susurros, casi dormido.*) Artículo primero: *España es una República democrática de trabajadores de toda clase, que se organiza en régimen de Libertad y de Justicia. Los poderes de todos sus órganos emanan del pueblo. La República constituye un Estado integral, compatible con la autonomía de los Municipios y las Regiones. La bandera de la República Española es roja, amarilla y morada.»* (*Oscuro.*)

Siempre estarás en mí

ESCENA I

(Tenerife. Icod de los Vinos 20 de julio de 1936. Puerta del Convento de San Agustín. Tres de la mañana. Un hombre está frente a la puerta del convento. Viste totalmente de negro y lleva un sombrero también negro. Toca en varias ocasiones, pero nadie le responde. Insiste hasta que se abre la puerta y aparece un monje. Se quedan dos hombres un momento observándose sin decir nada.)

MONJE: ¿Qué desea, hermano?

MANUEL: ¿Quiero hablar con el abate?

MONJE: El abate duerme y no podemos molestarlo a estas horas.

MANUEL: *(Da dos pasos hacia el monje y se quita el sombrero).* Despiértelo es un asunto muy importante, muy urgente. Necesito hablar con él.

MONJE: *(Da un paso hacia delante. Se quedan los dos hombres uno frente al otro. A un palmo).* Ya le he dicho que no podemos molestarlo. Venga mañana por la mañana y veremos si lo puede atender. Usted sabrá cómo están las cosas. Me imagino que estará al corriente de la situación en las islas. ¿Usted sabe que hay un toque de queda?

(Silencio largo)

MANUEL: Sí, lo sé. Mire, dígale al abate Francisco que está aquí su hermano Manuel.

MONJE: *(Asombrado)* ¿Es usted su hermano?

MANUEL: Sí, soy su hermano.

(Silencio largo)

MONJE: *(El monje abre la puerta y da unos pasos hacia atrás)* Pase.

(Manuel entra, el monje mira a un lado y otro de la calle, entra y cierra la puerta.)

ESCENA II

(Interior del convento. Manuel está de pie. Le tiemblan las manos, intenta controlar el temblor agarrando el sombrero y mira de un lado para otro. Se oyen unos pasos y aparece en escena hombre que camina despacio y se acerca a él. Se miran en silencio durante unos instantes. Manuel da un paso y lo coge de las manos. Francisco las baja y se las suelta.)

FRANCISCO: ¿Cuánto tiempo ha pasado, Manuel? Hace muchísimo tiempo que no sé de ti.

MANUEL: Sí, pues veinte años. Justo cuando recibiste aquella llamada.

FRANCISCO: ¿Qué llamada? No, sé de qué me hablas.

MANUEL: *(Manuel sonríe)* La llamada de Dios, Francisco. Esa llamada cambió tu vida y también la mia.

(Silencio largo)

FRANCISCO: *(Lo coge de la mano)* Ven, vamos a mi cuarto. Allí tendremos más intimidad y me cuentas qué haces aquí y qué quieres de mí.

ESCENA III

(Cuarto de Francisco. Solo hay una cama, una pequeña ventana, un crucifijo encima del cabecero y una silla. Francisco está sentado en la cama y Manuel en la silla)

FRANCISCO: A ver, cuéntame, ¿qué haces aquí?

MANUEL: *(Manuel se levanta, mira por la ventana y le da la espalda a Francisco.)* Quiero que me ayudes. Estoy en peligro. Llevo desde el 19 de julio escondido. Salí a pie de Santa Cruz cuando supe que en Las Palmas había triunfado el golpe del General Franco y empezaron a detener a todos mis compañeros de la CNT. Tuve suerte que me avisaron a tiempo. Estoy reventado. No he parado ni para comer.

FRANCISCO: ¿Cómo sabías que estaba aquí? Estuve muchos años en España.

MANUEL: María me mantenía informado de todos tus pasos.

FRANCISCO: María siempre fue un alcahuete. ¡Cómo le gustaba un chisme! *(Silencio largo)* Entonces vienes huyendo.

MANUEL: *(Se gira y se pone delante de Francisco)* Sí, como un criminal, como una hiena, como si hubiera asesinado a alguien y solo he defendido los derechos y las libertades.

FRANCISCO: *(Se levanta y se queda frente a él)* Siempre fuiste tan impulsivo, tan valiente, tan hombre.

MANUEL: ¿Valiente, dices? Si fuera valiente estaría encerrado en una cárcel por defender mis ideas, pero estoy aquí porque tengo miedo, Francisco, miedo a la muerte, miedo a que me torturen, que me peguen un tiro en cabeza y que me tiren a un pozo.

FRANCISCO: *(Francisco le coge las manos y le sonríe.)* El miedo no es de cobardes, Manuel, el miedo te mantiene con vida. El miedo ha hecho que estés aquí esta noche. De nada vale ser un valiente, sin te pegan un tiro en la nuca.

MANUEL: ¿Tú tuviste miedo, Francisco, cuando te marchaste sin despedirte de mí?

FRANCISCO: Sí, también tuve miedo, mucho miedo y también hui como un cobarde. Miedo al que dirán, miedo al amor y solo encontré una salida, una respuesta y esa respuesta estaba en Dios.

(Silencio largo)

MANUEL: *(Le suelta las manos)* Sabes que yo te quería con locura, lo hubiera dejado todo por ti. No comprendí nada cuando te fuiste. Me dejaste solo.

FRANCISCO: *(Se vuelve a sentar en la cama)* Sí, yo también te quería y aún te quiero. ¿Sabes una cosa? Rezo todas las noches por ti, por mi amigo, me querido y amado amigo Manuel.

(Manuel lo coge de las manos, lo levanta y le da un abrazo. Los dos se abrazan con fuerza y los dos lloran)

MANUEL: *(Se separa de su amigo lentamente y lo mira a los ojos)* Todo aquello se quemó porque tenía que quemarse. Ya sabes eso que dicen, que nuestra vida es como una casa incendiada a la que esperamos que se queme por completo. Aquella habitación que compartimos, todo aquello se quemó por completo. Ahora estoy aquí asustado y perseguido, pidiéndote ayuda. Que me escondas y que me ayudes a escapar del tiro en la nuca.

FRANCISCO: No te preocupes, te ayudaré, Manuel. Si tuviera el cielo te lo entrega en bandeja. Tenerte delante de mí. Es *(Mueve la cabeza de un lado para otro),* es, es. ¡Maldita sea! ¡Es maravilloso! No sabes la de veces que he soñado con este momento. De volver a verte, de encontrarnos, pero siempre supe que eso era del todo imposible.

MANUEL: Yo también pensé mucho en ti. Siempre te tenía presente, incluso pensé en venir a visitarte. Sin embargo, siempre había algo que me lo impedía. Me volqué con el trabajo, en mis ideas para olvidarme de ti, de tus besos, de tus caricias, de tu ternura, Francisco. De todo aquello que me dabas solo con una mirada, con esa media sonrisa que siempre tenías para mí, sin decírmelo, me decías; no te preocupes, estoy aquí.

FRANCISCO: Éramos únicos, pero yo fui el cobarde, aquel que te dejó tirado, aquel que se fue porque sintió terror a lo que estaba sintiendo, pero aquello ya pasó, como tú dices, ahora tenemos que pensar en cómo sacarte de aquí. Los militares están por todos lados. Ya pensaré algo. Acuéstate y descansa. Aquí estás a salvo. Nadie entrará.

(Francisco se levanta y se pone al lado de su amigo. Le va quitando la ropa, hasta que se queda totalmente desnudo. Lo observa por unos instantes y lo mira de arriba abajo.)

FRANCISCO: Había olvidado lo hermoso que eras, fuerte como un roble. Toma *(Le entrega un camisón de lino blanco)* pote esto y descansa.

(Manuel se pone el camisón en silencio y se acuesta. Francisco se siente en la cama y lo observa)

MANUEL: Gracias, amigo. Gracias.

FRANCISCO: Descansa, Manuel descansa.

(El escenario se queda totalmente a oscuras, hasta que poco a poco se vuelve a iluminar por completo.)

ESCENA IV

(Manuel está sentado en la cama y su amigo Francisco está de pie con una bandeja con leche, queso y pan.)

FRANCISCO: Has dormido dos días.

MANUEL: ¿Dos días?

FRANCISCO: Sí, dos días. Toma, come, tienes que reponer fuerzas. Vas a hacer un gran viaje.

MANUEL: ¿Un gran viaje?

FRANCISCO: Sí, en quince días te sacaré de la isla con rumbo a México. Unos monjes Agustinos salen hacia allí. Ya está todo hablado.

(Manuel se levanta y abraza a su amigo con fuerza)

MANUEL: ¡Gracias, Francisco, gracias! ¡No sé cómo te lo podré pagar!

FRANCISCO: Ya me lo pagado. Tenerte a mi lado es suficiente pago. Pensé que jamás te vería, pero Dios es grande, Manuel y sabe que el amor puro no conoce de género, es amor y nada más.

MANUEL: *(Se le queda mirando durante unos instantes y le coge las manos)* Vente conmigo, Francisco, retomemos lo dejamos hace veinte años. En México no habrá barreras, nadie nos conoce y podremos vivir libres y disfrutar del amor que sentimos.

(Silencio largo)

FRANCISCO: Sabes que siempre fui un hombre de principios. Cuando decidí hacerme Agustino sabía que tendría que renunciar a todo lo que hasta ese momento formaba parte de mí y tú eras el pilar básico de mi vida. Me comprometí con Dios y con los más pobres.

MANUEL: Pero ya le has entregado lo mejor de tu vida a la orden, ahora te toca ser feliz. Me encantaría tenerte de nuevo a mi lado, Francisco. Volver a sentir lo que sentía, aquellos temblores incontrolables cuando te acercabas a mí, aquel fuego que me quemaba por dentro. Jamás lo he vuelto a sentir. Nadie me ha hecho más feliz que tú, nadie. Hoy estás aquí y tenemos la posibilidad de retomar lo que dejamos en el camino. Se que aún me quieres y que me deseas.

FRANCISCO: *(Le suelta las manos y se sienta en la cama, mientras Manuel como algo de pan y queso.)* Sí, te quiero, incluso te deseo, siento esas ganas locas que me vuelvas a besar y de sentirte dentro de mí, ¡Sí, maldita, sea, sí, claro que me gustaría cometer una locura por una vez en mi vida! Lo llevo pensando todos estos días. Irme con el amor de vida. Sin embargo, Manuel, no puedo irme y menos ahora, en este momento. ¿Sabes cómo están las calles? El miedo está por todas partes, en cada puerta, en cada aldaba que suena en la madrugada, en cada voz, en cada grito y en cada paso que se da.

MANUEL: Ya lo sé.

FRANCISCO: No, no lo sabes. Yo salgo y palpo el miedo en las miradas, en los gestos. Ayer lo pensé, Manuel, me convertiré en ti.

MANUEL: ¿Qué dices? No te entiendo, Francisco.

FRANCISCO: Lo fácil es irme contigo y olvidarme del sufrimiento de los demás, de los que necesitan una mano amiga, un aliento y un consuelo antes el sufrimiento. ¿Tú qué harías, amigo? *(Manuel hace un amago de contestar, pero su amigo le hace un gesto para que no hable)* No, no me la digas, porque ya sé la respuesta. No voy a huir como hice hace veinte años.

(Silencio.)

FRANCISCO: No voy a marchar contigo, Manuel. Sé que, si tu fueras yo, te quedarías y que harías lo imposible por ayudar a los demás, por eso te digo que yo seré tú. Por suerte, este hábito es un magnífico disfraz. Soy invisible ante ellos, antes los que están sembrando el terror. Alguien se tiene que quedar para ayudar a los más necesitados y ese seré yo.

MANUEL: Tienes razón, Francisco, ahora era más necesario que nunca. Sé que serás un refugio no solo espiritual para los represaliados.

FRANCISCO: Lo intentaré, Manuel, te juro que lo intentaré.

ESCENA V

(Un túnel oscuro, solo hay un candil con una luz mortecina, están Francisco y Manuel)

FRANCISCO: (Le da el candil a Manuel) Aquí nos despedimos, amigo. Sigue este túnel que te llevará al Convento de San Francisco. Allí hay un monje esperándote que te llevará junto con otros monjes. No te preocupes. Está todo arreglado.

MANUEL*: (Pone el candil en el suelo. Llora)* Gracias, amigo, gracias. Ahora soy yo el que huye, el que se va para siempre.

(Los dos se abrazan con fuerza y Francisco le da un beso en la boca a Manuel)

FRANCISCO: Jamás te olvidaré, Manuel, te llevaré en mi corazón hasta el fin de mis días.

MANUEL: Sabes que yo también te llevo en mi corazón para siempre.

FRANCISCO: Vete, amigo, te están esperando.

MANUEL: *(Coge el candil, lo levanta hasta la cara de su amigo y le sonríe.) Gracias.*

(Manuel se aleja por el túnel. Francisco se queda en silencio viendo como su amigo se va y el escenario se va oscureciendo hasta que se queda completamente oscuro.)

OSCURO

¿Pepín?

(En una cafetería, un hombre de mediana edad está sentado en una mesa. Viste un traje de chaqueta, con corbata, gomina en el pelo. Toma un té con limón, mientras lee un libro. En el suelo junto a él, un maletín. Frente a él, en otra mesa hay una mujer, también de mediana edad, vestida con una falda y una blusa de manga corta, que lo mira insistentemente, mientras toma un refresco y lee el periódico. El hombre se da cuenta que la mujer lo mira. Sus miradas se encuentran. Ella le sonríe. Él desvía la mirada, sigue leyendo y toma un sorbo de té.)

MUJER: (Levanta la cabeza y lo interpela) ¿Pepín? ¿Pepín?

(El hombre sigue enfrascado en la lectura, oyendo a la mujer pronunciando aquel nombre que nunca ha oído y levanta levemente la mirada para observar a la mujer que lo interpela)

MUJER: Chissst, Chissst ¡Pepín!¡Pepín

(El hombre levanta la cabeza, la señora le sonríe y lo saluda con mucho entusiasmo. El hombre baja la cabeza, toma un nuevo sorbo de su té y sigue leyendo como si ese asunto no fuera con él. La mujer toma un poco de refresco, se levanta, se estira la falda y se dirige hacia donde está el hombre y se sienta delante de él)

MUJER: Pero, Pepín, ya no conoces a nadie, que salvaje eres. Desde que entré me fijé en ti. No podía creer que fueras tú. ¿Cuánto tiempo ha pasado? Por lo menos, veinticinco años, porque haciendo un cálculo rápido, siempre fui muy buena con los cálculos mentales (*Sonríe*). Ahora tengo cuarenta y cinco y cuando nos conocimos teníamos dieciocho años. ¡Qué digo veinticinco! han pasado veintisiete años. ¿No te acuerdas, Pepín?

(*El hombre levanta la cabeza despacio y la mira fijamente sin ni siquiera parpadear, sin entender muy bien qué está pasando, porqué aquella mujer lo llama Pepín y se ha sentado en su mesa interrumpiendo su tarde de lectura*)

HOMBRE: Señora, usted perdone, pero no la conozco de nada y no me llamo Pepín. Me gustaría poder seguir disfrutando de mi té y de mi lectura. ¿No le importa?

MUJER: (*Eleva la voz ofendida*) ¡Cómo que no eres Pepín! ¡Qué nos conocemos desde que éramos unos adolescentes! Incluso fuimos medio novietes, ¿es que ya no te acuerdas?

HOMBRE: (*Habla en tono muy calmado y con mucha educación*) Señora, usted disculpe, le aseguro que yo no soy Pepín, por tanto no puedo acordarme de usted, ¿lo comprende? Ahora, por favor, quiero seguir disfrutando de esta tarde maravillosa.

MUJER: Pero bueno, cómo es que no te acuerdas de mí. Esto es increíble. No me lo puedo creer. ¿No te acuerdas de aquel verano en el pueblo? Tú, mi prima Artemisa y yo. ¿No? ¿De verdad que no?

HOMBRE: No, señora, no me acuerdo ni de usted ni de su prima Artemisa. Además la infancia la pasé en el norte y todos los veranos me iba a un pueblo de Gran Canaria a veranear. Se llama Agaete.

MUJER: ¿A Gran Canaria? ¿Y eso dónde queda?

HOMBRE: (*El hombre mueve la cabeza negando y hace una mueca apretando los labios*) Es una isla de las Islas Canarias.

MUJER: ¿Y veraneabas en Canarias?

HOMBRE: Sí, señora, no faltamos ni uno hasta que mi padre murió. A partir de ahí se acabaron los viajes a las islas afortunadas. Además, me llamo Moisés.

MUJER: ¿Moisés? ¿Cómo que Moisés? ¡Tú eres Pepín, coño!

HOMBRE: Creo que usted está confundida, quizás tenemos cierto parecido ese Pepín y yo. Usted misma ha dicho que han pasado más de veintisiete años, ¿no?

MUJER: Sí, veintisiete años.

HOMBRE: A veces la cabeza nos juega malas pasadas. Seguro que ese Pepín y yo tenemos cierto parecido. ¿No dicen que tenemos un doble por ahí, en algún lugar del mundo? Pues yo seré el doble de su amigo, pero le aseguro que no soy Pepín.

MUJER: ¡¿Cierto parecido?! Pero si eres igual, como una gota de agua. Tú eres Pepín. Yo soy muy buena fisonomista. Además tienes ese hoyo en la barbilla tan característico, (*El hombre se lleva la mano a la barbilla y se lo toca*) sus mismos ojos e incluso la misma sonrisa.

MUJER: No sé porque no quieres reconocerlo, quizás te avergüenzas de tu pasado. Tus padres eran muy humildes. Ahora se te ve bien, un buen traje, un buen reloj y hasta engominado. La vida te ha ido muy bien. Comprendo que quieras olvidarte de tu pasado. Por lo menos reconóceme que eres Pepín. Por los buenos tiempos. Aquellos en los que jugamos en la calle sin importarnos nada. Brindemos por aquellos tres veranos. Quizás te avergüenzas de mí y no quieres hablar conmigo. En cierta forma lo comprendo. La vida no me ha tratado muy bien, que digamos, pero sigo aquí, plantándole cara.

HOMBRE: Señora, no sé cómo decírselo. No soy Pepín. Por momentos me estoy sintiendo incómodo y me quiero marchar. ¿Comprende lo que le digo? Usted está equivocada. No, no soy ese señor que usted piensa que soy. Como le dije antes, su cabeza le ha jugado una mala pasada. Ya saben lo que dicen, las cosas no son como son, sino como se recuerdan. Si usted cree que soy ese Pepín, pues perfecto, aquí paz y en el cielo gloria. Incluso, estoy dispuesto a reconocércelo si usted así se queda más tranquila.

MUJER: ¿No estará insinuando que estoy loca? ¿Qué me he inventado todo este rollo de Pepín para hablar con usted? Para que lo sepa, estoy felizmente casada hace más de veinticinco años.

HOMBRE: No, no, no, señora, yo no estoy insinuando que usted esté loca. Solo creo que está confundida y nada más.

MUJER: No estoy confundida. Espera que se me está ocurriendo una cosa.

(*Se levanta, va hacia su mesa, abre el bolso, saca su teléfono móvil y vuelve junto al hombre*)

HOMBRE: Señora, de verdad, no tengo tiempo. Tengo muchas cosas que hacer y estoy perdiendo mucho tiempo aquí. (*Se levanta, pero la mujer lo agarra por la mano y lo mira fijamente*)

MUJER: Espera, por favor. Solo quiero llamar a mi prima Artemisa. Será solo unos minutos.

(*El hombre se sienta, coge el libro y lo guarda en una maleta. Se bebe el té que le queda en el vaso. La MUJER no se sienta, manipula su smartphone y se lo lleva al oído*)

MUJER: Sí, soy yo. Sí, estoy bien, perfectamente. No, no necesito dinero. Me apaño bien con lo que cobramos del paro. Gracias a Dios que la hipoteca la terminamos de pagar hace cinco años, porque si no, estábamos viviendo en la puta calle. ¿En el pueblo? Pues, no me hubiera importado irme a vivir al pueblo. Pero no me líes que no te he llamado para eso. (*Mira para el hombre y le hace una señal de espera con la mano abierta y luego uniendo el pulgar y el índice*) ¿Recuerdas a Pepín? Sí, Pepín nuestro Pepín, el que pasó con nosotras tres veranos. Sí, sí, ese. Pues creo que lo tengo delante de mí. Que sí, yo creo que es él, pero él me dice que no es Pepín. ¿Qué tengo que creerlo? (*Algo irritada*) Ya sé que han pasado muchos años, Artemisa, ya lo sé, pero déjame hablar. Tú, siempre igual, no dejas a una meter baza. Escúchame. ¿Recuerdas las fotos que nos sacamos en el pueblo con la Polaroid del tío Joaquín? Sí, esas. ¿Las tienes a mano? ¿Cómo que para qué? ¿Cómo me las vas a enviar por carta? ¿Tú estás tonta? Las necesito ahora. (*Mira para el hombre y le dice con un gesto que se espere*) ¿Que como me las envías? ¡Ay, Artemisa! Hay que explicártelo todo. Le sacas una foto con el teléfono y me las envías por el wasap. ¿Que no sabes hacer eso? Ya sé que solo envías las fotos que te envían. ¡Escucha, coño, que pareces un loro! Mira, tú buscas las fotos. Ya sé que las tienes a mano. Sí, ya sé que eres muy ordenada para tus cosas, que sí. Cuando las tengas, le dices a tu hijo Fernan que las fotografíe y que él me las envíe. Ya sé cómo es tu hijo, pero tú dile que es para su tía Carmela y verás como me las envía. Me debe unos favores. ¿Cómo que qué favores? Cosas de tía y sobrino,

Artemisa. Venga, corto y espero. No tardes mucho que este hombre tiene prisa y se me quiere ir. ¿Cinco minutos? Vale, espero.

(*La mujer se sienta, pone el teléfono encima de la mesa y sonríe*)

MUJER: Ya lo has oído, en cinco minutos me envía las fotos de Pepín.

HOMBRE: De verdad no me interesa ver esas fotos, señora. Ya le he dicho que no soy ese señor y además no sé qué hago sentado aquí (*Mira el reloj*) hablando con usted de un señor que no sé ni quién coño es, ni me interesa saberlo.

MUJER: ¿De qué tienes miedo, Pepín? ¿De que te quite tu careta? ¿Eh?

HOMBRE: No tengo ningún miedo, señora. Solo que estoy cansado de esta situación. Mire vamos acabar con esto de una vez. Tenía que haberlo hecho desde el principio.

MUJER: A ver, ¿qué vas a hacer?

(*El hombre mete la mano en el bolsillo interior de su chaqueta y saca su cartera. La pone encima de la mesa, extrae su carnet de identidad y se lo entrega a la señora. La señora lo coge y lee los datos*)

HOMBRE: ¿Qué pone ahí? ¿Dígame? (Irritado) ¿Qué pone?

MUJER: (Con tristeza) Moisés Morán Vega.

HOMBRE: Lo tiene claro ahora, señora. (*Dice el nombre por partes*) Moisés - Morán - Vega.

MUJER: También te podías haber cambiado el nombre. Hoy en día es muy fácil. Solo tienes que ir al juzgado y ya está.

HOMBRE: Señora. Ya está bien. Tengo muchas cosas que hacer esta tarde. (*Coge el DNI, lo guarda, mete la cartera en el bolsillo del traje y se levanta para irse. La MUJER permanece callada y triste, como si hubiera perdido una batalla. Cuando el hombre se dispone a coger el maletín, suena el característico sonido del mensaje de wasap. La MUJER coge el teléfono y lo mira*)

MUJER: Espera, Pepín. Solo será un segundo. No has cambiado mucho desde entonces.

HOMBRE: (*Gritando*) ¡Cómo voy a decírselo! ¡No soy Pepín!

MUJER: ¡Mira estas fotos! ¡Eres tú, joder! ¡No estoy loca! (*La MUJER le lanza el teléfono por encima de la mesa. Él lo coge y mira las fotos. Deja el maletín en el suelo y se sienta*)

HOMBRE: (*Deja el teléfono encima de la mesa*) Este hombre es muy parecido a mí, pero no soy yo, señora. Incluso podríamos ser gemelos, pero eso es imposible. Soy hijo único. Nunca tuve hermanos.

MUJER: Pepín tampoco tenía hermanos. Lo único que supe de él es que no regresó al siguiente verano. No volvimos a verlo jamás. (*Coge el teléfono y mira la foto*)

HOMBRE: (*Cabizbajo*) Si le soy sincero, Carmela. ¿Se llama Carmela?

MUJER: Sí, me llamo Carmela.

HOMBRE: Sí, le soy sincero... (*La MUJER lo interrumpe*)

MUJER: (*Entusiasmada*) ¡Lo sabía, eres Pepín, eres Pepín!

HOMBRE: No, Carmela. No soy Pepín. Lo que le iba a decir es que, siendo sincero, viendo esa foto, me reconozco cuando yo tenía esa edad. La persona que está en esa foto es como si fuera yo, pero sin serlo, porque yo sé quién soy yo y le prometo que no soy Pepín.

(*Suena el teléfono de Carmela. Lo coge y habla*)

MUJER: Dime, Artemisa. (*En silencio escucha a su prima*). ¡Qué me dices! Yo no lo sabía. Él nunca me lo contó. Ya sé que en otra vida fuiste detective privado, pero no te enrolles, prima. ¿Quién te lo dijo? ¿Alberto? ¿El de Rosa María? ¿Sí? ¿Dónde? ¿En París? ¿Y qué hace en París? ¿Trabaja de Camarero? ¿Estás segura, prima? ¿Confirmado? Vale, vale. Gracias. Sí, un finde de estos iré por el pueblo. Gracias por todo, prima. Un beso.

(*La MUJER deja el teléfono encima de la mesa y se recoge el pelo en una coleta*)

MUJER: (*Abatida*) No eres Pepín.

HOMBRE: ¿Qué le dije? Llevo más de quince minutos diciéndoselo.

MUJER: Mi amigo, Pepín, lleva tres años en París. Trabaja de camarero en un restaurante español. Un amigo del pueblo se lo confirmó a mi prima.

(*El hombre se levanta para irse*)

MUJER: Espere. Hay otra cosa que yo nunca supe y que mi prima Artemisa me ha contado. Quizás quiera saberlo.

HOMBRE: ¿A mí? No empecemos, señora, por favor. No me interesa nada de su amigo.

MUJER: Mi prima me dijo que Pepín, un día, le confesó que creía tener un hermano gemelo, que lo veía en sus sueños, pero que no sabía si era fruto de su imaginación.

HOMBRE: ¿Y eso que tiene que ver conmigo? (*Pregunta irritado*)

MUJER: No se haga el tonto. Sabe perfectamente lo que quiero decir. Usted ha visto las fotos y me ha reconocido que ese Pepín podría ser su hermano gemelo.

(*El hombre se sienta*)

HOMBRE: Eso es mucho imaginar, señora, de verdad. Estoy cansado y me quiero ir a mi casa a descansar. Este tema me está agotando.

MUJER: Sí, yo tengo una imaginación muy calenturienta, siempre me lo han dicho. (*La MUJER cogé el teléfono y se pone de pie*) Me tengo que ir. Mi marido lleva quince minutos preguntándome dónde estoy. Cuando le cuente lo de Pepín no se lo va a creer. Ha sido un placer conocerte, Moisés. Y no te olvides de Pepín, piensa en él.
(*La MUJER se va, pero a medio camino se da la vuelta y vuelve a la mesa en la que está el hombre*)

MUJER: ¿Me puedes dar tu número de teléfono? Quiero enviarte esas fotos. ¿Las quieres? Si no, no pasa nada.

(*El hombre se queda en silencio y la mira sin apartar la mirada*)

HOMBRE: 782.655.457.

(*La MUJER apunta el número en su teléfono móvil*)

MUJER: Ya te tengo fichado. (*Medio sonríe*) Adiós.

(*El hombre hace un gesto con la cabeza a modo de despedida y la MUJER sale de la escena. El hombre se queda sentado con las dos manos encima de la mesa y observa cómo la MUJER desaparece. Saca su teléfono móvil y hace una llamada.*)

HOMBRE: ¿María? Soy yo, Moisés. ¿Cómo ha pasado la noche? Perfecto, me alegro mucho. ¿Mi madre está despierta? ¿Sí? Póngame con ella. Sí, espero. (*En la espera recibe una notificación del wasap*) ¿Mamá? Sí, soy yo, Moisés. Sí, estoy bien. Aquí se vive de maravilla. ¿La empresa? Ya sabes con sus altos y bajos. Sí, que sí todo va bien. ¿Que me notas triste? (*Silencio*) Más que triste preocupado. Te quería hacer una pregunta, ¿yo tuve algún hermano? (*Silencio*) ¿Mamá? ¿Sigues ahí? ¿Mamá?

(*La comunicación se ha cortado. El hombre mira el teléfono, se levanta y vuelve a llamar*)

HOMBRE: ¿María? ¿Eres tú? (*Muy preocupado*) ¿Que no quiere hablar conmigo? María, por favor, dígale que se ponga. ¿Que no para de llorar? Solo le he hecho una pregunta, María. ¡Dele el teléfono, joder! (*Silencio*) ¡Mamá, deja de llorar, no me vuelvas a cortar y contesta a la pregunta que te hice antes! ¿Tuve algún hermano? ¿Que por qué lo pregunto? Porque he visto unas fotos de un hombre que es igual que yo, mamá, por eso y que, además, podría ser, perfectamente, mi hermano. (*Silencio*) ¿Mamá? ¿Adoptado? (*Gritando*) ¿Cómo que adoptado? ¿Soy adoptado? ¿Qué dices, mamá? ¿Qué dices? ¿Por qué nunca me dijeron nada? ¿Por qué? Sí, no lo creyeron necesario. Sí, he sido feliz sin conocer ese detalle, mamá, pero es un detalle muy importante, ¿no crees? ¿Y qué pasa con ese hombre que es igual que yo? ¿Es mi hermano? (*Silencio*) (*Grita*) ¡¿Dime?! ¿Es mi hermano? ¿Sí? ¡Dios mio! ¡Dios mio! ¿Y por qué no nos adoptaron a los dos? ¿Por qué? ¿Papá no quiso? ¿Y por qué no quiso? Ya, ya, era demasiada responsabilidad educar dos niños al mismo tiempo y por eso decidieron adoptar solo a uno de los gemelos, a mí. ¿Y por qué a mí? Sí, el más espabilado, como el que recoge a un perro en una perrera. ¡Sí es igual, mamá! ¡Aún peor, ustedes me separaron de mi hermano! ¿Que si lo voy a conocer? Sí, lo voy a intentar buscar, mamá. Es mi hermano. ¿Que no lo busque? ¿Por qué? ¡Dame un razón, mamá, una razón de peso! ¿Qué está muerto? (*Se sienta y habla abatido*) ¿Por qué sabes que está muerto? ¿Que nunca perdiste el contacto con su familia adoptiva? ¿Y que llevas todos estos años ayudando a esa familia? ¿Y por qué lo ayudabas? Sí, mamá, sé que era mi hermano. Sí, claro, algún día tenías que decírmelo, pero ¿cuándo, mamá, cuándo? Tengo cuarenta y tres años. Ya es demasiado tarde. Ya no se puede hacer nada, mamá, nada. Ahora comprendo muchas cosas y empiezan a encajar muchas piezas. No, jamás podré perdonarte.

(*El hombre corta la llamada y se queda mirando el teléfono móvil durante unos instantes. Luego se lo mete en uno de los bolsillos de la chaqueta. Saca la cartera y deja diez euros encima de mesa. Se levanta, coge la maleta que está en el suelo y sale de la escena. Oscuro*)

Limítrofes

Personajes: **Esteban, Ángel y Omar.**

ACTO ÚNICO

ESCENA I

(Salón del piso de Omar; decorar al gusto del director. Se ven dos hombres adultos, Ángel y Omar, que están sentados en un sillón. Omar lleva una camiseta negra ajustada y un vaquero negro y Ángel una camiseta de asillas con un motivo playero, unas bermudas surferas que le quedan muy holgadas y unas chanclas.

Delante del sillón una mesa en la que hay un montículo pequeño de cocaína, dos cervezas y una caja de pizza. Ángel está preparando dos rayas de cocaína con una tarjeta en la mesa y Omar está entretenido con el móvil.)

ÁNGEL: ¿Quitaste la tele del salón, Omar?

OMAR: Sí, Ángel, ahora la tengo en mi habitación. La colgué en la pared, en frente de la cama. Ahí está mucho mejor y más cómodo para mí. Muchas veces me quedaba dormido en el sofá y me levantaba a las tres de la mañana medio zumbado y con el cuello hecho una mierda.

ÁNGEL: (*Separa dos rayas con una tarjeta de crédito, coge un billete de cinco euros, lo hace un tubo y esnifa una de las rayas. Se queda un momento sorbiendo los restos y habla al mismo tiempo.*) Muchos porros. ¿Quién te está pasando la María? Está buena de cojones. (*Sigue sorbiendo tapándose el orificio izquierdo de la nariz*) Me fumo un porrito y me quedo más tieso que una mojama. (*Vuelve a sorber tapándose el orificio derecho de la nariz*) Y esta farlopa está de puta madre.

(*Omar saca una foto de la raya. Sonríe y sigue entretenido con su móvil. No le presta atención a su amigo.*)

ÁNGEL: ¿Omar? Tío, deja el puto móvil. La raya se va a quedar como una piedra. Ya sabes que aquí hay una humedad de cojones y la humedad no es buena para la coca.

OMAR: (*Sin dejar de chatear por el móvil.*) Espera, que estoy chateando con un pibón de veintitrés tacos que le encanta la marcha. Tiene unas perolas y un culo que lo flipas. La conocí el sábado, la invité a un par de rayas y a un poco de cristal. Se está haciendo de rogar, pero la tengo a punto de caramelo. Ayer me envió unas fotos medio en bolas.

ÁNGEL: No jodas. ¡Pásamelas, tío! ¡Me encantan las guarrillas!

OMAR: (*Deja el móvil encima de la mesa y coge el billete de cinco euros*) ¿Tú estás loco? No te las voy a pasar. La piba confía en mí.

ÁNGEL: Y qué más da. Seguro que es una guarrilla y no le importará. ¿Tú crees que eres el único al que le ha enviado fotos en bolas? Despierta, Omar. Las tías de hoy están a otro nivel. No son como las que nosotros conocíamos cuando salíamos de marcha. Estas de hoy vienen con todas las lecciones sabidas y todas las asignaturas aprobadas.

OMAR: (*Se sienta, esnifa la raya que está en la mesa de un solo tirón y deja el billete en la mesa. Sorbe por sus orificios nasales; primero uno y después otro*) Sí, ya lo sé y mejor que tú. Yo sigo saliendo todos los fines de semana y sé cómo está el patio. Tú solo lo sabes por lo que ves en la puta tele, que como sigas así te vamos a encontrar un día muerto, lleno de mierda y de moscas. Solo sales cuando cobras el paro para comprarme tus dos gramitos, algo de hierba y el resto del mes te lo pasas jugando con la Play. Si no fuera por tu madre, te comían las putas cucarachas.

ÁNGEL: (*Se levanta y se dirige hacia la ventana.*) ¿Qué quieres que haga? No hay curro y el que hay es una mierda pinchá en un palo. Esta puta crisis solo ha dejado mierdas de trabajo en los que te pegas doce horas trabajando por setecientos pavos.

OMAR: ¿Cuántos currículums has echado? (*Silencio.*) Tu problema es que estás muy cómodo como estás. Con lo que te dan del paro, con la Play y en casa de mamá eres más feliz que un tonto con un moco.

(Silencio largo.)

ÁNGEL: Echar, lo que se dice echar, no he echado ninguno. Me cansé de patearme las calles y nada de nada y, además, los trabajos que me ofrecen no me gustan.

OMAR: *(Irritado.)* ¿Tú crees que a mí me gusta mi trabajo?

ÁNGEL: (*Se sienta y bebe un sorbo de cerveza.*) Venga, Omar, tu curro es una tapadera. Sé que te importa una mierda tu trabajo. Trabajas para cubrirte las espaldas. Sabes que lo ganas muy bien con la farlopa y el cristal. Lo que no entiendo es para qué me has llamado a mí y a Esteban. ¿Estás preparando una marchita de las buenas?

OMAR: (*Omar coge el móvil y se levanta.*) No, no es una marchita. Quiero plantearle un negocio y necesito veinte mil pavos.

ÁNGEL: (*Grita.*) ¡Veinte mil pavos! Esa es mucha pasta y al *Perlita* no le va tan bien como él dice. Ya sabes que Esteban es más fachada que otra cosa. Siempre le gustó tirarse los peos más altos

que el culo. Seguro que está hasta el cuello de deudas. Nadie se
hace rico limpiando mierda.

OMAR: No sé si los tiene, pero podemos ganar diez veces más de
lo que invirtamos. De eso estoy seguro. Este negocio es seguro.

ÁNGEL: Pues no sé qué hago yo aquí. Yo no tengo dónde
caerme muerto. (*Se sienta.*) Me tomo la birra y me voy.

OMAR: No, quiero que te quedes porque quiero que participes
en el negocio.

ÁNGEL: Gracias, Omar, pero ya sé cuáles son tus negocios y
estoy muy bien como estoy. No quiero líos con los maderos.
Además, no quiero ser tu camello.

OMAR: ¿Lo ves? Ese es tu puto problema. (*Eleva el tono de
voz.*) No eres capaz de pensar a lo grande. ¿Sabes cuánto puedes
ganar si compro cuarenta mil pavos de cristal?

ÁNGEL: Te repito que estoy muy bien como estoy, y tienes
razón; nunca he pensado a lo grande. Quizás es porque no lo
necesito.

OMAR: (*Se acerca a su amigo a un palmo de su cara. Irritado.*)
Te estoy dando la oportunidad de salir del puto agujero en el que
estás. (*Grita.*) ¡Joder! ¡No te das cuenta! ¡Mírate a un puto espejo!

Tienes treinta y nueve tacos y todavía vives con tu madre. ¡Despierta de una puta vez!

ÁNGEL: (*Se levanta, bebe un sorbo de cerveza, se va hacia la ventana y mira por ella.*) ¿Qué crees, que no me doy cuenta? ¿Qué estoy empanao? Sé muy bien quién soy y no necesito que tú me lo digas a la cara.

OMAR: (*Omar se levanta y va donde está Ángel. Le pone la mano en el hombro.*) Ángel, necesito un hombre de confianza. Ya lo sabes, en estos negocios la confianza es fundamental y tú eres el tipo en quien más confío. Solo te pido que lo pienses, ¿vale? (*Mira el teléfono móvil.*) No voy a seguir discutiendo. Esteban está abajo. Va a subir.

ÁNGEL: Oka, me lo pensaré, pero no te aseguro nada. (*Se oye el timbre.*)

ESCENA II

(*Omar abre la puerta y entra Esteban que lleva un traje con corbata y el pelo engominado.*)

ESTEBAN: (*Se acerca a Omar, lo abraza y le da dos besos en la mejilla. Elevando la voz.*) ¡Joder! ¡Cuánto tiempo hace que no nos vemos!

OMAR: Un puto año, cabrón. Desde que montaste tu empresita no hay manera de cogerte en un renuncio.

(Esteban se quita la chaqueta y la deja sobre uno de los brazos del sillón.)

ESTEBAN: Cuando te metes a sacar un negocio adelante todo el tiempo es poco. (*Mira el reloj, luego mira para Ángel.*)

ÁNGEL: (*Se acerca a Esteban y lo abraza.*) Te veo de puta madre. Me imagino que los negocios te van bien.

ESTEBAN: (*Camina de un lado a otro, examinando el salón.*) Sí, muy bien, pero no te creas que el negocio de la limpieza es soplar y hacer botellas. Hay que currar mucho porque hay mucha competencia y mi objetivo es llegar lo más lejos posible. (*Se acerca a la mesa, se sienta, coge el billete de cinco euros que está hecho un tubo, coge la tarjeta, recoge un poco de coca, se hace una raya y la esnifa. Sorbe y se levanta.*) Parece que no hemos perdido las buenas costumbres. (*Con entusiasmo.*) ¡Joder! Esta farlopa está buenísima.

OMAR: Sabes que yo siempre tengo lo mejor. En este negocio lo importante son los contactos y yo en cuestión de farlopa los tengo muy buenos.

ÁNGEL: La verdad es que sí, Omar, siempre tienes el mejor producto. Yo me las veo y me las deseo para encontrar buena farlopa.

OMAR: Solo tienes que levantar el teléfono y te consigo unos buenos gramos.

ESTEBAN: Ya, pero tampoco quiero abusar, pero de vez en cuando necesito echarme una rayita para seguir el ritmo porque hay días que me quedo sin energías.

OMAR: Ya sabes dónde estoy y no olvides que lo importante son los contactos. Tú lo debes saber muy bien, Esteban. Me imagino que en tu negocio también serán importantes.

ESTEBAN: Claro que lo son. Sin contactos no eres nadie, sobre todo en las instituciones. Siempre tienes que tener amigos aquí y allá, incluso tenerlos en el infierno porque nunca se sabe.

OMAR: (*Se sienta junto Esteban.*) ¿Cómo te va el negocio?

ESTEBAN: Bien, que digo bien, muy bien, aunque tengo que echarle muchas horas para sacar algún beneficio que llevarme al bolsillo. Lo peor que llevo son los recursos humanos. ¡Qué complicado es encontrar buenos trabajadores! A la primera de cambio te la intentan meter doblada. A la mínima ya quieren coger la baja. Gracias a la mutua que los tienen al hilo porque si no estaban todo el puto día en el seguro. Ya he tenido que poner en la calle a más de uno.

(*Silencio.*)

OMAR: ¿Por qué no le haces un hueco a Ángel y le das un trabajo? Está en el paro desde hace un par de años.

(*Ángel se acerca a sus dos amigos.*)

ÁNGEL: (*Levantando las manos y disculpándose.*) Yo no tengo nada que ver con eso. Yo estoy muy bien cobrando el paro, con eso tiro perfectamente y pago mis gastos que no son muchos.

(*Silencio.*)

ESTEBAN: (*Esteban aparta un poco de coca con la tarjeta, hace una raya, se la mete de un tiro y sorbe por ambos orificios de la nariz.*) A ver Ángel, yo no tengo problemas en meterte en la empresa, a limpiar mierda aprende todo el mundo, pero si lo hago no quiero problemas. Eres mi amigo, pero sabes que los negocios son los negocios y la amistad es la amistad. A la primera que me hagas te pongo de patitas en la calle.

ÁNGEL: (*Elevando el tono de voz.*) ¡Oye, que yo no te he pedido nada! Omar se ha sacado de la manga ese rollo de pedirte trabajo, pero ya te digo que estoy de puta madre como estoy.

OMAR: (*Se levanta y se coloca al lado de Ángel.*) Solo quiero echarte una mano tío. ¿Tienes un colega que te está ofreciendo un trabajo y tú se lo rechazas?

ESTEBAN: (*También se levanta y va junto a sus amigos.*) Ehh, sin problemas, Ángel, que en el paro hay montón de gente esperando. Ya te digo, la casualidad que tengo una vacante, pero no quiero presionarte. Si quieres el curro es tuyo. Tienes el finde para pensarlo. El lunes me llamas si lo quieres, si no, no pasa nada.

OMAR: ¿Antes no me dijiste que no encontrabas un puto trabajo? Pues te están ofreciendo uno.

ÁNGEL: Quiero pensarlo, ¿Ok? No me gusta tomar decisiones en una noche de fiesta y, además, no me hace mucha ilusión eso de trabajar limpiando la mierda de nadie.

ESTEBAN: (*Se acerca mucho a Ángel. Muy serio.*) Es un trabajo como otro cualquiera y muy digno que está sacando para adelante a unas cuantas familias. (*Silencio.*) (*Enfadado.*) ¿Sabes qué te digo? Que retiro mi propuesta. Ni te lo pienses.

ÁNGEL: (*Conciliador.*) Tampoco te pongas así, Esteban. Solo te digo que estoy bien como estoy. ¿Vale? Y quiero seguir así. Cuando se me acabe la ayuda del desempleo ya veré, pero mientras seguiré como estoy. ¿De acuerdo?

ESTEBAN: (*Se aparta y se dirige hacia la ventana.*) No sé si
cuando se te termine el paro tendré alguna oferta, aunque ya te digo
que con esa actitud te van a comer las moscas, Ángel.

OMAR: Eso le digo yo, que hay que mover un poquito el culo, que
no siempre vas a vivir de las putas ayudas, que la teta del estado se
está quedando seca.

ÁNGEL: (*Se separa de sus dos amigos y se sienta.*) Yo vivo mi
vida y no me meto en la vida de nadie. Vivo y dejo vivir. Ese es mi
lema y me ha ido bien.

OMAR: Sí, claro, vives a costa de los impuestos de todos nosotros,
cabrón.

(*Silencio.*)

ESTEBAN: (*Esteban se queda de pie, al tiempo que mira su
teléfono móvil y teclea un mensaje. Luego se acerca a sus amigos.*)
Entonces, ¿la reunión de hoy era para esto, para buscarle un trabajo
a Ángel y no para salir de marcha y pasarlo de puta madre?
(*Silencio.*) Entonces, ¿qué?, ¿hay marcha o no hay marcha?
¿Recuerdan nuestras marchas?

OMAR: Claro que las recordamos. ¡Quién podría olvidarlas!
Éramos los reyes de la noche. No teníamos rivales.

ÁNGEL: No nos podemos olvidar. Fue una época irrepetible, cuando nos juntábamos en el aparcamiento del centro comercial. ¿Cuántos éramos? Treinta o cuarenta, con los coches con la música puesta a toda mecha y bebiendo como si no hubiera un mañana.

ESTEBAN: (*Entusiasmado.*) Sí, joder, desde el viernes preparándonos para la marcha del sábado o cuando salíamos viernes y también sábado. (*Se pasa la mano derecha por la frente.*) Ufff

OMAR: Y aquellas cacharras que ya no se fabrican. Esos sí eran éxtasis de los buenos. No la mierda que venden hoy por ahí. Ni el mejor cristal se le acerca. Aquellas eran pata negra.

ÁNGEL: ¿Recuerdan la noche que el Araña se pasó con las «misubisi» y se cayó en la fuente del Big Point?

(Todos se ríen a carcajadas.)

OMAR: (*Riéndose.*) Sí, que pasada. Salió empapado de arriba abajo, miró a todos lados, todos partidos de risa, salió como si nada, parecía un puto zombi y lo más fuerte es que volvió después como si nada hubiera pasado. Un crack, el Araña.

ESTEBAN: (*Se sienta.*) En aquella época vivíamos al límite. Hoy no sé si podríamos aguantar aquel ritmo. Yo por lo menos no podría.

OMAR: Yo sí podría. Todavía tengo aguante. Tú ya te casaste, tienes hijos, un negocio y te has vuelto un viejo, amigo.

ESTEBAN: Sí, más viejo y con más responsabilidades, pero podría aguantar una buena marcha. Hoy podría ser el día. *(Grita y se levanta de un salto.)* Vengan aquí. ¡Vamos a darnos un abrazo!

(Ángel se levanta y se dirige hacia dónde están sus amigos y los tres se funden en un abrazo)

ESTEBAN: (*Grita.*) ¡Por los viejos tiempos!

TODOS: (*Todos gritan al unísono.*) ¡Por los viejos tiempos!

ESTEBAN: (*Mirando a sus amigos.*) ¿Salimos de marcha o qué? Yo venía con esa idea.

(*Silencio.*) (*Omar y Ángel se miran.*)

ESTEBAN: ¿Qué pasa?

OMAR: Realmente te invité para proponerte un negocio. Lo de Ángel lo pensé sobre la marcha. Recordé que estaba sin trabajo.

ESTEBAN: (*Esteban se acerca a Omar.*) ¿Un negocio? ¿Qué clase de negocio?

(*Ángel se levanta y se va hacia la ventana.*)

OMAR: Un negocio en el que podemos ganar mucho dinero. Tú solo tendrías que poner veinte mil euros.

ESTEBAN: ¿Veinte mil loros? Esa es mucha pasta.

OMAR: Ya lo sé, pero como te digo podemos ganar diez veces más.

ESTEBAN: Me imagino que se trata de droga, porque ganar tanta pasta solo se gana vendiendo mandanga.

OMAR: Sí, quiero comprar cuarenta mil euros de cristal. Tengo un contacto que me la vende a buen precio. Es de primera calidad y además tengo a los distribuidores esperando. Es un negocio seguro, Esteban. Tú solo pondrías la pasta y nada más. Cero riesgos y negocio seguro. Serías el capitalista de la operación.

(*Silencio.*)

ESTEBAN: No tengo tanto dinero, Omar. El negocio va bien, pero no para tanto. Todavía estoy tapando algunos agujeros y entre la Seguridad Social y Hacienda estoy con el culo en dos manos.

(*Silencio.*)

ÁNGEL: (*Se gira y mira hacia Omar*) Ya te lo dije, Omar, limpiar mierda no da para tanto. Es todo apariencia.

OMAR: (Grita irritado.) ¡Cállate la puta boca, Ángel!

ESTEBAN: (*Esteban se acerca a Ángel.*) Por lo menos esa mierda me da de comer y me gano la vida honradamente. No soy un puto vago como tú, que solo vive de las migajas que le da el Estado.

ÁNGEL: (*Levanta las manos.*) Vale, no te pongas así, hombre. Solo expresaba mi opinión.

OMAR: (*Grita.*) ¡Cállense, joder! ¡Estoy pensando!

ESTEBAN: (*Grita.*) ¡No me callo! ¡A mí no me insulta nadie! Además, Omar, no me interesa tu negocio. Con el mio tengo más que suficiente.

OMAR: (*Omar se acerca a Esteban.*) Tú no tendrías que hacer nada. Solo poner el dinero.

ESTEBAN: Es mucha pasta, Omar. Demasiada.

OMAR: Ya sé que es mucha pasta, pero te digo que el negocio está asegurado.

ESTEBAN: En el mundo de la droga no hay nada asegurado y eso lo sabes tú muy bien.

OMAR: Tienes mi palabra de amigo, Esteban.

ESTEBAN: ¿Tú palabra?

OMAR: Sí, mi palabra. ¿No te es suficiente?

ESTEBAN: No, Omar. Tengo una familia que alimentar y un negocio que mantener. Las palabras se las lleva el viento.

(Silencio.)

ÁNGEL: *(Ángel se acerca.)* Si no tienes el dinero, podrías pedir un crédito. Seguro que a ti te lo darán. Eres un empresario.

OMAR: *(Omar coge a Esteban por los brazos entusiasmado.)* ¡Tienes razón! Pedir un crédito es la solución.

(Esteban se acerca a Ángel. Se queda a un palmo de su cara.)

ESTEBAN: ¿Y tú qué pintas en este negocio?

OMAR: Él no pinta nada.

ESTEBAN: Entonces que tenga la boca cerrada.

(Ángel se sienta y coge una cerveza.)

OMAR: Hay que reconocer que ha tenido una buena idea, Esteban.

(Se oye el tono de un teléfono móvil y responde Esteban.)

ESTEBAN: Estoy con los amigos. Sí, Omar y Ángel. *(Mira a sus dos amigos.)* Sí te lo dije, pero tú estás en tu mundo y no escuchas. Ya cenaré. Seguro que pediremos unas pizzas. Llegaré a casa cuando tenga que llegar. ¿Sabes cuánto hace que no salgo? Trabajo dieciséis horas al día y me dejo el lomo en la empresa. También necesito un respiro y unas horas de relax. Y sé que tú haces tu trabajo, pero no me vayas a comer la bola con eso, ¿vale? Tengamos la fiesta en paz. Mañana lo hablamos con tranquilidad, ¿oka? Y no me esperes despierta que te conozco. No quiero tener una bronca al llegar. Así que duérmete que llegaré cuando tenga que llegar.

(Esteban corta la llamada y se guarda el teléfono. Omar se acerca a Esteban.)

OMAR: *(Interesado, lo coge por el brazo.)* ¿No te parece una buena idea lo de pedir un préstamo?

ESTEBAN: No, no me parece una buena idea. Ya tengo hipotecada la casa y tuve que ampliar ese préstamo para arrancar la empresa.

OMAR: *(Insistiendo, como si no oyera lo que le dice su amigo.)* Estoy seguro de que a ti te darán los veinte mil pavos sin problemas. Tu empresa es solvente.

ESTEBAN: *(Grita y empuja a su amigo para quitárselo de encima)* ¡Joder, Omar! ¡Déjame en paz!

(Ángel se levanta de inmediato y se pone en medio de sus dos amigos.)

ÁNGEL: Vamos a tranquilizarnos, ¿vale?

(*Silencio. Omar y Esteban se miran con cara de pocos amigos.*)

(*Esteban se va hacia la ventana, luego se vuelve.*)

ESTEBAN: A ver, Omar, dices que vas a comprar cuarenta mil euros de cristal. Supongo que tú tendrás los otros veinte mil. ¿Por qué no compras la mitad y te dejas de líos con nadie? Así arriesgas solo tu dinero. Así son los negocios, cuando no consigues socios, tienes que arrancar solo. Yo lo tuve que hacer así y no me va mal.

(*Omar se sienta, coge la tarjeta de crédito, se prepara una raya y se la esnifa. Sorbe por ambos orificios, primero por uno y luego por otro.*)

OMAR: Claro que los tengo, pero si compramos cuarenta mil me regalan un diez por ciento más de cristal. Ya sabes. Un regalo por comprar esa cantidad. Si solo compro con mis veinte mil, me servirá lo justo. Ese diez por ciento es un buen regalo y le puedo sacar una buena tajada.

ESTEBAN: Pues compra lo justo, amigo. La verdad, no me quiero meter en líos. Bastante tengo con lo mío.

(*Omar se levanta.*)

OMAR: (*Irritado y elevando un poco la voz.*) ¡Es un puto negocio seguro!

ÁNGEL: Omar, Esteban tiene razón. Déjalo ya. Muévete con tus veinte mil.

(Omar se acerca a Ángel y lo coge por la camiseta.)

OMAR: *(Apretando los dientes y casi gritando.)* Tú métete en tus cosas, puto gordo, y no me digas lo que tengo que hacer con mi dinero.

(Ángel intenta zafarse del agarre de Omar, pero no lo consigue.)

ÁNGEL: *(Con algo de miedo y tartamudeando.)* No, no te pases, Omar, y suéltame de una puta vez.

(Omar suelta a Ángel y le da un empujón. Ángel se tiene que agarrar para no caerse. Esteban coge su chaqueta del sillón y se la pone.)

ESTEBAN: Me voy. Creo que esta fiesta ya se terminó.

ÁNGEL: Yo también me voy.

(Omar se va hacia la ventana, les da la espalda a los dos amigos y no los ve salir.)

ESCENA III

(Omar se queda solo en la escena y sigue mirando hacia fuera desde la ventana. Saca su teléfono móvil y se entretiene con él.

Luego marca un teléfono. Se oyen las llamadas en off, produciéndose cinco tonos.)

OMAR: Hola de nuevo, Esteban. Tienes que volver. Sí, ya sé que no quieres saber nada de mi negocio, pero la cosa ha cambiado. Sí, ha cambiado. Ahora te voy a vender unas fotos que cuestan veinte mil. Unas muy chulas que te saqué con mi antigua cámara digital. Ya, claro que no te acuerdas. Estábamos hasta el culo de éxtasis, priva y coca. Hay unas fotos muy comprometidas en las que te estás follando a una menor. Sí, parecía que tenía más de dieciocho y sabes qué, la he localizado. Le he dicho que voy a subir las fotos a Internet y me ha dicho que, si las subo, te denunciará. ¿Qué me dices? No soy un cabrón. Sí, esa misma. ¿Ya lo recuerdas? ¿Que todos nos la follamos? Esa parte no la recuerdo. Lo cierto es que el único que aparece en las fotos eres tú, amigo. ¿Vas a venir o qué? Ahh, que no me crees. No es un farol. Espera que te la envío por wasap *(Se quita el teléfono de la oreja, manipula su smartphone y se lo vuelve a poner en la oreja derecha.)*. ¿Te llegaron las fotos? ¿Qué me dices? *(Silencio.)* ¿Hablamos de negocios ahora? ¿Esteban?

(Sonríe irritado.)

OMAR: El cabrón me cortó la llamada. Este se cree que es un puto juego, pues lo tiene claro. *(Grita y me le grita al smartphone.)* ¡Esto no es un puto juego!

(Vuelve a marcar el teléfono. Se oyen las llamadas en off hasta ocho tonos.)

OMAR: *(Elevando el tono de voz.)* ¡Esto no es un juego, Esteban! Esto va muy en serio. No soy un cabrón. Ya te lo digo; es solo un negocio. Ni más ni menos. ¿Qué amistad? Vente por aquí y lo hablamos. Seguro que encontramos una solución. Te espero.

(Sonríe y corta el teléfono.) (Se sienta y se prepara una raya de cocaína. Cuando la termina se la esnifa. Le vuelve a sonar el teléfono y contesta sin mirar quién es.)

OMAR: ¿Sí? *(Se levanta y va hacia la ventana.)* ¿Qué pasa Ángel? Sí, es verdad. No, no te dije nada. Es un As que tenía en la manga. ¿Una jugarreta? Hay veces que hay que utilizar todo para conseguir tus objetivos. Necesito esa pasta y Esteban la tiene. Es un simple intercambio. Yo tengo fotos y él tiene el dinero para comprarlas. Lo de amigos es un puto cuento chino. Estábamos juntos para lo que estábamos, para salir de marcha, comprar coca y cacharras y para nada más. No soy un hijo de puta. Es solo negocios. Él es un empresario y lo entenderá. Como tú decías, es solo cuestión de pedir un préstamo. Y dale con la amistad. *(Grita.)* ¡A la mierda con la amistad! *(Enfadado. Va de un lado a otro del salón.)* Tú no tienes ni puta idea en lo que estoy metido. *(Silencio.)* Yo no recuerdo eso. Yo no participé. Él y tú sí. Sí, tú también, pero el que más participó fue él. Tú lo sabes. Se volvió loco con la tía. ¿No lo recuerdas? Sí, ya sé que estuvo detrás de ella. Él sabía que era menor y él quería volver a tirársela. Se encoñó con ella. Tengo las fotos porque nunca las borré. Rectifico, las borré, pero olvidé que las había copiado en un viejo disco duro externo que tengo y el otro día haciendo limpieza de archivos las encontré. Sí, te lo acabo de decir. Tú también estás en las fotos. ¿Yo? No, yo no estoy. El fotógrafo no suele salir en las fotos. No, Ángel, yo no le di mandanga, no sé porqué. (*Silencio.*) ¿Qué soy listo? Bueno, no me caí de un guindo. Eso sí te lo aseguro. Sí, las borraré cuando Esteban me pague. Claro, todas, no dejaré ninguna. Ese es un asunto para olvidar. ¿Un cabrón? Bueno, para mí es solo un negocio y punto. Tengo que dejarte. Estoy esperando a Esteban para cerrar el negocio.

(*Se sienta en el sillón, pone el teléfono en la mesa, coge la tarjeta, hace una raya y la esnifa.*)

OMAR: ¡Qué buena está esta coca, joder!

(*Vuelve a coger su smartphone, se levanta y hace una llamada.*)

OMAR: Hola, Isabela. A final vamos a poner en marcha el plan. Claro, te pagaré lo acordado. Trescientos pavos. Tú solo tienes que decir lo que te envié por WhatsApp. Nada más. No te enrolles. ¿Oka? El plan es sencillo, solo hay que seguirlo sin salirse de él. Te pagaré cuando reciba el dinero. Tú solo cumple con lo acordado. Es el dinero más fácil que vas a ganar en tu puta vida. Si al final no tengo que llamar, te daré cincuenta pavos por las molestias, ¿vale? Si todo sale como espero, este finde nos damos un fiestón.

(Se dirige a la cómoda, la abre, saca una caja, la pone sobre la cómoda, la abre y saca una pistola. La carga y se la pone en la cintura. Luego guarda la caja. Después se sienta y deja su teléfono encima de la mesa. Suena el sonido del portero automático. Se levanta, acciona el botón del portero automático sin contestar al telefonillo y abre la puerta.)

ESCENA IV

(Abre la puerta. Esteban entra hecho una furia y le da un empujón.)

ESTEBAN: *(Gritando y muy enfadado.)* ¡¿Qué coño pretendes, hijo de la gran puta?!

OMAR: Eh, eh, eh tranquilízate.

ESTEBAN: *(Gritando y muy enfadado.)* ¡¿Que me tranquilice?! ¡Cuando me quieres joder la vida, cabrón!

(Omar da dos pasos hacia atrás, saca la pistola y le apunta a la cara.)

OMAR: Te digo que te tranquilices. Siéntate y vamos a hablar. No quiero líos.

ESTEBAN: (*Nervioso y enfadado.*) ¿Qué vas hacer?, ¿dispararme? ¿Ahora eres un puto mafioso?

OMAR: (*Conciliador.*) No, esa no es la idea. Solo es para que te tranquilices. La cuestión es tan fácil como te comenté por teléfono. Tú siéntate y, si es necesario, te lo vuelvo a explicar.

(*Esteban se sienta y no deja de mover la pierna derecha.*)

ESTEBAN: (*Nervioso.*) No es necesario que me expliques nada. Lo comprendo a la perfección. Sin embargo, no comprendo por qué lo haces.

OMAR: Negocios. No te lo tomes a mal. Tengo ese negocio entre manos.

ESTEBAN: ¿Y qué quedó de nuestra amistad?

(*Omar se pone la pistola en la cintura.*)

OMAR: ¿Qué amistad, Esteban? Como ya le dije a Ángel nuestra amistad era de conveniencia. Estábamos juntos por intereses comunes. Un interés que nos duró algunos años.

ESTEBAN: ¿Qué interés?

OMAR: ¿Te lo tengo que explicar?

ESTEBAN: Sí, explícamelo, porque yo pensaba que éramos amigos.

OMAR: Estábamos juntos por la farlopa y las cacharras, por nada más.

ESTEBAN: (*Incrédulo.*) ¿Por nada más?

OMAR: Sí, solo por eso. A ver, ¿dime otra cosa que nos mantuviera juntos que no fueran las marchas?

(*Silencio.*)

OMAR: Lo ves. Es más, cuando dejamos de salir, dejamos de vernos.

ESTEBAN: Eso es ley de vida. Cada uno se tiene que buscar su camino.

OMAR: ¿Cuánto hacía que no nos veíamos?

ESTEBAN: Mucho tiempo, pero seguíamos siendo amigos o eso pensaba yo. Los amigos no tienen que verse todos los días para ser buenos amigos.

OMAR: Entonces entendemos de forma diferente la amistad. Tú y yo no somos amigos, Esteban. Ni antes ni ahora. Solo teníamos intereses comunes. ¿Recuerdas cuando te llamé porque necesitaba la casa del campo de tu padre para un fin de semana para la chica que tuvo que realizar el aborto?

ESTEBAN: Sí, lo recuerdo, pero como te comenté no podía dejártela. Mi padre se cabreaba mucho con ese tema.

OMAR: Necesitaba la casa. Al final tuve que coger un apartamento. Por eso te digo que de amigos nada.

(*Silencio.*)

ESTEBAN: Eso es agua pasada.

OMAR: Sí, es agua pasada, pero viene a demostrar lo que te digo. Tú y yo, se podría decir éramos amigos de conveniencia.

ESTEBAN: (*Agacha la cabeza.*) Vale, eso lo tengo claro más que nunca, pero ¿a qué coño viene el chantaje de las fotos?

OMAR: Ya te lo dije, es solo negocios. Necesito dinero y tú puedes proporcionármelo. Así de simple. No le des más vueltas. Tengo algo por lo que tú estás dispuesto a pagar.

ESTEBAN: Eres un cabrón sin escrúpulos.

OMAR: No, ya te lo dije. Son solo negocios. Dentro de unos años me lo agradecerás. Es más, deberías agradecérmelo. Cuando me pagues las fotos pasarán a mejor vida porque las destruiré.

ESTEBAN: El acuerdo fue destruirlas.

OMAR: Ya, y las destruí, pero me olvidé de que hice una copia de seguridad en un disco duro externo y, mira tú, ahora me vienen como anillo al dedo, pero todavía lo podemos arreglar. Entras en el negocio, me das los veinte mil pavos y nos olvidamos de las fotos. ¿Qué te parece?

(Silencio.) (Esteban se levanta.)

ESTEBAN: No paro de darle vueltas a este asunto y no llego a entenderlo de todo. Si te doy la pasta ¿te olvidas de la cuestión y tan amigos?

OMAR: Sí, bueno amigos, amigos, no, socios.

ESTEBAN: Sabes que te digo, que no quiero ser socio tuyo. No me fío un pelo de un tipo que me chantajea.

OMAR: Entonces tengo que poner en marcha el plan B porque está visto que no me crees. ¿Quieres oír a la chica? La localicé hace unos meses. Me costó mucho, pero el Facebook es una maravilla para este tipo de cuestiones.

ESTEBAN: *(Se acerca a Omar.)* No te creo. Es un puto farol.

(Esteban saca la pistola de la cintura y lo mantiene a distancia.)

OMAR: Siéntate, Esteban. (*Esteban se sienta. Omar vuelve a guardar la pistola en la cintura.*) ¿Un farol? ¿Por qué te crees que he llegado tan lejos? Tengo una buena mano, Esteban. Un póker de ases. La chica, como te dije, si ve las fotos en Internet te denunciará por violación. Ya sabes cómo está el asunto con las menores. Ella ya es mayor de edad, pero me he informado y el delito no ha prescrito. Así que estás cogido por los cojones o pagas o vas a la cárcel. Tú eliges, amigo.

ESTEBAN: Tú no eres mi amigo.

OMAR: Ya, era una forma de hablar. Mira la voy a llamar y verás que no miento.

ESTEBAN: No hace falta que la llames. Te pagaré los putos veinte mil pavos.

OMAR: Bien.

ESTEBAN: Cuando vendas la droga me devuelves la pasta más un veinte por ciento, pero también quiero las fotos.

(*Silencio.*)

OMAR: Un alto interés el tuyo.

ESTEBAN: Solo quiero lo que es justo. Además, el banco me va a soplar un ocho por ciento. Algo tengo que ganar.

OMAR: Ahora que sé que te interesan tanto las fotos, no sé si ponerle un precio aparte.

ESTEBAN: No me puedo creer lo que estoy oyendo, pero ¿qué te ha pasado, Omar, para que te hayas convertido en una rata?

OMAR: ¿Una rata? ¿No me has oído?

ESTEBAN: Sí, te he oído y tus negocios son los de una rata. (*Silencio.*) Sabes qué te digo, que me voy. (*Se levanta. Irritado.*) Haz lo que quieras con las putas fotos.

(*Omar saca su pistola con rapidez y lo apunta.*)

OMAR: (*Grita.*) ¡Teníamos un puto trato! ¡Tienes que darme los veinte mil pavos!

ESTEBAN: Tú lo has dicho, teníamos. Has estirado demasiado la cuerda. No me puedo creer lo que está pasando. (*Grita.*) ¡Mírate, joder! Me estás apuntando con una pistola, Omar. ¿Vas a dispararme si me voy? ¿Qué coño te pasa, tío?

(*Silencio.*)

(*Omar baja la pistola muy despacio, como si le pesara una tonelada.*)

OMAR: (*Abatido.*) No te voy a disparar. No es una pistola de verdad. La compré por Internet. Es una de mentira como toda mi puta vida.

(*Omar tira la pistola al fondo del salón y se sienta abatido en el sillón, con las manos en la cara. Esteban se sienta a su lado.*)

ESTEBAN: Tranquilízate, Omar ¿En qué problema estás metido, tío?

OMAR: Debo veinte mil euros a un narco. Me adelantó un cargamento de cristal, pero me lo robaron hace una semana y tenía que dárselos hace dos días. Le estoy dando largas, pero me está presionando cada día más. Estoy en un callejón sin salida. Por esa razón monté toda esta historia de la compra del cristal que era el plan A y si no salía, tenía el plan B que era todo el asunto de las fotos.

ESTEBAN: ¿De verdad que las ibas a utilizar?

(*Silencio.*)

OMAR: El plan era que sí, pero ya ves que no. Mientras lo estaba haciendo, no era yo. ¿Cómo he podido llegar a esto, Esteban?

ESTEBAN: En ocasiones la presión nos puede y hacemos cosas que no queremos. Además, si esa presión te la mete en la nuca un narcotraficante, con más razón. No le des más vueltas. Es compresible.

OMAR: No lo sé, tenía que haberme echado para atrás cuando me dijiste que no querías entrar en el negocio y no seguir con el asunto de las fotos que, por cierto, es cierto lo que te dije, las había borrado, pero no sé porqué se hizo una copia de seguridad en el disco duro externo. Las borraré esta misma noche.

ESTEBAN: Mira, vamos a hacer una cosa. El lunes sin falta voy al banco, pido un préstamo personal por la cantidad que debes y me lo vas pagando poco a poco.

(*Silencio.*)

OMAR: No, Esteban, no puedo aceptar eso. Este problema lo tengo que resolver yo.

ESTEBAN: ¿Para qué están los amigos, si no para echar una mano en momentos como este?

OMAR: Sí, para estos momentos, pero no puedo aceptarlo. Podría pagártelo, pero tardaría un par de años. Mi trabajo no me da para tanto.

ESTEBAN: Omar, de verdad, las cosas me van bien, no para tirar voladores, pero me van y creo que puedo hacer frente a ese préstamo, así que no se hable más. Te doy el dinero y, como te dije, me lo vas pagando poco a poco.

OMAR: Vale, no voy a discutir más contigo.

(*Omar se levanta y también lo hace Esteban.*)

OMAR: Dame un abrazo.

(*Los dos amigos se abrazan con fuerza. Omar comienza a llorar.*)

ESTEBAN: Tranquilo, Omar. Todo se va a arreglar.

OMAR: Sí, pero con todo lo que te he hecho pasar esta noche. No tiene nombre.

ESTEBAN: Eso ya está olvidado. Por cierto, todo lo que dijiste sobre la amistad, ¿era verdad?

OMAR: No, era solo parte de la comedia que estaba montando. Somos amigos, Esteban y tú lo has demostrado esta noche.

ESTEBAN: Bueno, Omar, yo me tengo que ir. Creo que por hoy ya tenemos bastantes emociones.

(*Omar vuelve a abrazar a su amigo.*)

OMAR: Gracias y perdona por todo.

(*Esteban le sonríe, abre la puerta y se sale de escena.*)

(Omar se queda solo en escena, se sienta, coge la tarjeta de crédito, se hace una raya y se la esnifa. Luego coge su teléfono, busca un contacto y comienza a hablar.)

OMAR: Hola, el lunes tengo el dinero, lo más tarde, el martes. Sí, me ha costado un poco, pero al final lo he conseguido. El plan A falló, después pasé al plan B y también falló y tuve que recurrir al plan C y ese se lo ha tragado entero. Pensé que no iba a salir, la verdad, porque se había enfadado mucho con el plan B y pensaba que no entraría en razón, pero pude ablandarle el corazón con mi magnífica actuación. El plan C consistía en que yo le debía dinero a un narco, era mi última carta y la jugué bien. El lunes va al banco a pedir el dinero y me lo dará, después tengo que pagárselo en cómodos plazos. Le pagaré los primeros mil euros, por las molestias, después que se lo follé un pez. No le voy a pagar ni un pavo más. ¿Ya tienes el material? ¿Todo? (*Entusiasmado.*) ¡Bien! Yo también tengo la red de distribuidores esperando que les pase el cristal. ¿Mi amigo Ángel? ¡Que lo jodan! Yo pensaba que iba a poner más de su parte, pero se rajó a la primera; es un puto vago que vive del cuento. Solo de pensarlo me pongo malo. ¿Nos vemos el martes? ¿Jueves? A vale, perfecto, que no estás aquí. Pues el jueves nos vemos y mira a ver si te dejas caer con algo más de material por el pronto pago. Ya sabes, son negocios. Hasta el jueves.

(Omar corta el teléfono, lo deja encima de la mesa, se queda mirando a la mesa y la luz del escenario va disminuyendo poco a poco hasta que se queda en total oscuridad.)

Conversación con mi retrete

Personajes:

Máximo

Váter

(Se ve a un hombre de entre veinticinco y treinta años, con una camiseta de asillas y con un pantalón corto de deporte sentado en un retrete, manejando su teléfono móvil, marca un número en su teléfono y habla. Se oye música de Chet Baker de fondo, muy baja, casi no se oye, pero se oye.)

Máximo: ¿Elena? Sí, soy Máximo. ¿Estás conduciendo? Pues te llamaré dentro de un momento. Ah, tienes el manos libres, pues mejor. Mira, que voy a llegar tarde a nuestra cita. Sí, sí, sé que es importante para preparar la reunión de mañana, pero he tenido un problema de última hora que espero resolver en una hora. No, no tiene importancia. Vale, vale, te cuento. Sí, sé que no tienes mucho tiempo. Sabes que no vivo en la ciudad. Sí, sí, a las afuera de San Mateo, en un casita de campo. Ok, esa misma, en la que hacíamos los asaderos. ¡Joder, Elena! Estaba borracho. ¿Sabes cuántos cubatas me bebí esa noche? ¿Solo unos cuantos? Si me bebí hasta el agua de los floreros. Ya, sé que te tiré los tejos, pero tú pasaste de mí como agua sucia porque no te acuestas con borrachos. Ya lo sé. ¿Me vas a dejar que te cuente el problemilla? Pues sigo, como estamos en otoño y en estas últimas semanas ha llovido bastante, es la mejor época para recoger setas y en los montes cercanos a casa hay multitud de ellas. Así que hoy me levanté al amanecer, a eso de las siete y media. Sí, Elena, a veces madrugo, aunque no lo parezca. Espera por favor *(Tapa el teléfono con la mano y hace* *fuerza para que salga lo que tiene que salir de su estómago.*) ¿Que qué me ha pasado? Cuando termine con la historia lo entenderás. Pues eso, esta mañana salí muy temprano, con la sana intención de llenar mi cesta de setas. Pasé la mañana recorriendo el bosque en busca de las mejores. Antes del mediodía tenía suficientes para hacerme un buen plato de champiñones al ajillo acompañado de un excelente jamón ibérico. ¡Oye, que soy un buen cocinero! He aprendido mucho. En la vida de soltero tienes que aprender a cocinar porque si no se te va más de medio sueldo en restaurantes. Entonces regresé a casa y me puse manos a la obra. Seleccioné las de mayor calidad, las limpie a conciencia y luego me puse a la faena culinaria. Sí, Elena, ya sé que las setas son peligrosas, pero solo cojo las que conozco y además hice un curso de micología en el que aprendí mucho. Aunque sabes que se aprende a capar cortando huevos. Para terminar, decirte que tomé buena cuenta del plato que había preparado. Después de media hora, comencé a sentirme raro, con una extraña sensación en el estómago. Pensé, en un primer momento, que podría tratarse de una intoxicación alimentaria; son muy frecuentes cuando comes setas. Me dirigí al cuarto de baño y me senté en el váter porque quería dar de vientre. ¡Sí, Elena, estoy sentado en el váter hablando contigo! ¿Una falta de respeto? Pero, ¿por qué es una falta de respeto? No, no es una falta de respeto. ¡Tía, que estás a veinte kilómetros de aquí y el olor no te llega! Si no te lo digo no te hubieras enterado. Vale, no tenía que habértelo dicho, pero sabes que no me gusta estar con subterfugios. Además solo quería explicarte porqué voy a llegar tarde a la reunión contigo. Ok, pues ya lo sabes. Bueno, bueno, no te robo más tiempo. Hasta después, Elena. Sí, no te preocupes, llegaré, pero media hora después.

(Máximo corta la llamada y sigue manipulando su teléfono sentado en el váter. Pasa medio minuto y se oye una voz en off que retumbaba en todo el cuarto de baño.)

Váter: ¿Podrías quitar tu peludo culo de mi blanca cabeza?

(*Máximo deja de mirar a su teléfono y mira con asombro, girando a un lado y a otro su cabeza, luego hacia arriba y hacia abajo. Luego busca debajo del váter como preguntándose de dónde viene la voz que está escuchando. Intenta levantarse del váter, pero no puede. Cada vez que lo intenta siente un fuerte dolor que proviene de sus testículos.*)

Váter: No intentes levantarte, te tengo cogido por los huevos, porque contigo quería yo hablar. Llevaba mucho tiempo esperando esta oportunidad. Por fin estamos cara a cara.

(*Máximo vuelve a mirar a un lado y otro, buscando el lugar de dónde procede la voz.*)

Váter: ¿A dónde coño estás mirando? ¿No me digas que estás buscando la voz? Sí ya lo sabía, eres gilipollas integral. ¡Eh, gilipollas! Estás sentado sobre mí y tu váter es el que te está hablando.

Máximo: Si te oigo y estoy hablando contigo, esto debe ser algún efecto secundario de las setas, alguna debía de tener un efecto alucinógeno.

Váter: (*Eleva la voz.*) ¡Premio para el señor que está encima de mí! ¡Pues claro, panoli! Las setas han tenido ese efecto y el subsiguiente, si no te hubieras comido más de la cuenta. Es que lo tuyo es de juzgado de guardia. ¿Has visto el plato de setas y chorizo que te has metido entre pecho y espalda?

Máximo: Tampoco ha sido para tanto, una ración bien servida.

Váter: ¿Pero tú has visto lo que has defecado? Ni que fueras un puto elefante y además dejas el ambiente como si hubiera habido una guerra bacteriológica. Sí, esas en la que no queda nadie en la faz de la tierra, solo las ratas y las cucarachas.

Máximo: Es normal, ¿no crees? Uno se sienta para lo que se sienta. No pretenderás que cague flores y que luego huela a primavera. Cada uno tiene que apechugar con lo que le toca en la vida, a ti te ha tocado ser retrete y a mí humano. En otra vida, pídete ser otra cosa, no sé, lavamanos, coche, jirafa. Yo que sé.

Váter: Encima de guarro, insolente. Como si uno pudiera controlar el destino. El destino te viene dado; nada ni nadie lo controla. Serás estúpido.

Máximo: ¿Entonces no crees en la reencarnación?

Váter: ¿En la reencarnación? No, no creo en esas mierdas. Los seres inertes no solemos tener ese tipo de inquietudes filosóficas que no llevan a ningún lado. Nosotros, los inertes, somos más pragmáticos, vivimos el aquí y el ahora. El *Carpe diem* de toda la vida. Esas pajas mentales las dejamos para los humanos, que tienden mucho a ese tipo de desvaríos y más cuando están puestos hasta arriba de setas alucinógenas.

Máximo: Pues lo tienes claro: cuando te sustituya por otro de último diseño, seguirás siendo un viejo retrete para toda la eternidad, ja, ja, ja, (*Riéndose a carcajadas durante un ratito.*) Por lo menos, para curarte en salud, deberías de creer en otra vida, como hacemos algunos humanos, que nos engañamos para vivir un poco mejor esta mierda de vida que nos ha tocado. Ya sabes, eso de creer en el más allá, en la reencarnación, en el Nirvana y no sé cuántas milongas más. No sé si me entiendes.

Váter: Nosotros tenemos los pies bien puestos en el suelo, como puedes ver, quizás sea por nuestra condición de loza fría. No lo sé. Quizás por eso no me preocupo por el mañana, yo soy más del presente y mi «vive el momento» se circunscribe al tiempo en que tú te sientas encima de mí. Ese es el momento que me preocupa, que es directamente proporcional a mi felicidad.

Máximo: ¿Directamente proporcional a tu felicidad? No te entiendo ni una palabra. ¿Los seres inertes sienten la felicidad?

Váter: Pues claro que sí, nosotros también queremos ser felices, aspiramos a serlo, en la medida de lo posible. Yo soy feliz cuando estoy limpio y reluciente. Cuando tú entras en el cuarto de baño mi felicidad se resiente, porque hay una posibilidad de que te sientas a cagar y sé que me dejarás lleno de mierda. Tú no eres de los que se para a coger la escobilla y limpiar el frenazo apestoso que sueles dejar al terminar. Aunque hay otros váteres que les da igual que se queden llenos de mierda. Se conforman con lo que les toca, se adaptan a la situación, cuando están limpios, son felices y cuando están sucios, también lo son. Sin embargo, yo no soy así, yo para ser feliz necesito estar limpio y reluciente como una patena. Ya ves que es cuestión de perspectiva.

Máximo: Es que el tema de la felicidad va por barrios, unos son felices con lo que tienen. Otros aspiran a serlo anhelando lo que no tienen y se pasan la vida siendo infelices.

Váter: ¿Tú eres feliz?

Máximo: ¿Que si soy feliz? No le voy a contestar a un retrete. (*Intenta levantarse, pero no puede y al intentarlo grita de dolor.*)

Váter: ¿Dónde vas, campeón? Te tengo cogido por los huevos, Máximo. De aquí no te levantas hasta que terminemos de hablar. Venga, Máximo, ¿eres feliz? Contesta.

Máximo: Ya te he dicho que no le voy a contestar a un puto váter. No sé qué coño hago hablando contigo.

Váter: Es lo que tienen las setas alucinógenas, que te pueden llevar a un viaje iniciático para conocer tu verdadero yo. (*Eleva la voz.*) ¡Aprovecha la ocasión, campeón! ¡Déjate llevar y contesta a mi pregunta! ¿Eres feliz, Máximo? Dime, ¿eres de los que son felices con lo que tienen o de los que aspiran a conquistar el mundo y mientras son infelices?

Máximo: (*Intenta levantarse y grita.*) ¡Déjame irme, cabrón! No quiero contestar a tu mierda de pregunta. ¿A ti que te importa si soy feliz o no? ¡A ti que te importa!

Váter: Bueno, bueno, bueno. Realmente me importa una mierda «pinchá» en un palo. Es solo curiosidad. (*Grita*) ¡Atención señoras y señores, aquí tenemos a uno que no quiere enfrentarse con sus demonios, esos que todos llevamos dentro y a los que no queremos enfrentarnos. Tenerlos a un palmo de nuestra cara y sentirlos casi respirar. Tú no, tú eres un cobarde que solo quiere salir corriendo.

Máximo: (*Eleva la voz, pero no grita.*) Pero qué coño sabrás tú de la felicidad, si eres un puto retrete apestoso que a lo único que aspiras, en tu puta vida, es a que te caguen encima ¿Quién eres tú

para preocuparte por la felicidad de nadie y menos por mi
felicidad?

Váter: Ya te lo he dicho; es lo que tienen las setas alucinógenas
que convierten lo imposible en realidad, como por ejemplo que tú
y yo estemos manteniendo una conversación sobre la felicidad. Yo
te he dicho qué es para mí la felicidad. Ahora es tu turno, amigo.

Máximo: (*Máximo agacha la cabeza, la mete entre las piernas, se
tapa los oídos y comienza a llorar y habla llorando.*) No quiero
oírte más, quiero acabar con esta conversación de mierda, ya. Me
va a estallar la cabeza. (*Grita*) ¡No quiero oírte! ¡No quiero oírte!

Váter: Sí, esconde la cabeza como siempre has hecho. Sí, como los
putos avestruces, pero recuerda que cuando te levantes el mundo
seguirá ahí. ¿Ya no te acuerdas de aquella oportunidad que tuviste?,
sí, la de aquella beca para irte a estudiar a Francia. Sí, haz memoria,
Máximo, haz memoria. Cumplías todos los requisitos. (*Grita*)
¡Todos los putos requisitos! Pero te preguntaste, ¿para qué? y
dejaste pasar la oportunidad de, por lo menos, alcanzar tu sueño y
lo dejaste escapar.

Máximo: ¿Cómo sabes tú eso? (*Grita*) ¡Nadie lo sabe! ¡Nadie,
nadie, nadie!

Váter: Eso pregúntaselo a las setas, yo solo sé que lo sé. Como
dicen por aquí; me lo dijo un pajarito.

Máximo: Además aquella beca era una mierda y sé que mi esfuerzo no hubiera servido para nada.

Váter: Ah, se trata de eso. Siempre se trata de eso, de cuánto te va a costar alcanzar tu sueño. Lo pusiste en tu balanza particular y te dijiste: uff, esto cuesta demasiado. Mejor me quedo como estoy. (*Grita*) ¡Siendo el don nadie que siempre has sido!

Máximo: (*Habla con la voz muy baja.*) Yo no soy un don nadie.

Váter: Si no eres un puto don nadie, contesta a mi pregunta: (*grita*) ¡¿Eres feliz?!

Máximo: (*Hace otro intento de levantarse, pero sin conseguirlo, levanta la cabeza y se queda mirando hacia el frente con la mirada perdida.*) No, no soy feliz. Soy de esos que nunca están felices con lo que tienen, de esos que tienen un trabajo que aborrecen y no son capaces de dejarlo, de esos que no dan un paso por temor a equivocarse, de esos que prefieren un pájaro en mano que ciento volando, de esos que entierran sus sueños porque no tienen cojones de llevarlos a cabo, de esos que se quedan en su zona de confort porque son unos cobardes. Soy de esos. (*Silencio largo.*) Ya está, lo he dicho (*grita*) ¡No soy feliz! ¡Eso es lo que querías oír, cabrón apestoso! ¡No, no soy feliz! (*Máximo vuelve a meter la cabeza entre la piernas. Las luces van bajando de intensidad hasta que se queda el escenario totalmente oscuro durante quince segundos. Posteriormente, suena el teléfono móvil de Máximo y un foco lo ilumina. Al poco se va iluminando todo el escenario. Máximo está tumbado en el suelo del baño, se despereza, coge el teléfono, se incorpora y contesta.*)

Máximo: Hola, Elena, ¿qué quieres? ¿De qué reunión me estás hablando? ¿Ayer por la tarde? ¿A las cinco y media? ¿Qué hora es Elena? ¿Las ocho de la mañana? Sí, llegaré a tiempo. No te preocupes. Vale, mil perdones, Elena, no volverá a ocurrir.

Máximo: (*Máximo guarda el teléfono en el pantalón corto de deporte. Se acerca al váter, coge la escobilla, tira de la cisterna y lo limpia. Se queda durante unos segundos mirando al váter.*) Ya no eres un puto avestruz y vas a luchar por tu sueño. (*Coge el teléfono y marca.*) Elena, sí, yo otra vez, no voy a ir a la reunión porque no voy a trabajar más en la compañía. ¿Que no te puedo hacer eso? Sí, puedo hacerlo. Ya sé que tenía un ascenso pendiente. Síiii, sé lo importante que es ser director de zona, pero tengo un sueño que cumplir y no tengo mucho tiempo. Adiós, Elena. (*Guarda el teléfono, baja la tapa del váter, se sienta y sonríe. Oscuro.*)

La cobardía del amor

Mujer: Al final tenías razón. Nunca cumplo lo que prometo, pero qué puedo hacer. ¿No es la vida un reguero de promesas incumplidas, de mentiras piadosas para seguir sobreviviendo en este mundo que nos ha tocado vivir?

(*Se levanta, coge el móvil y se dirige hacia la ventana*)

Mujer: Sí, tenía que haberme ido cuando te lo dije, pero no pude y jamás podré. Tú sabías a qué estábamos jugando. Un juego peligroso, pero me gustan esos juegos porque me han dado la vida. Lo sabías desde el principio. Sabías quién era yo y a qué te exponías. Sí, sé que te lo prometí. Te prometí que lo dejaría para siempre. Te hubiera prometido que te bajaría la luna cuando me mirabas con esos ojos color miel o cuando me besabas con esa pasión que hasta me dolían los labios. Tú lo sabes, sabes que cuando estoy contigo me transformo, rompo las membranas invisibles de mi crisálida, esa que construyo cada noche, con las babas de mi angustia y de mi desesperación. Me convierto en mariposa solo para ti; solo amarte y dejarme que me comas hasta la última célula de mi ser. Tú eres lo imposible. Te tengo, pero al mismo tiempo no. Nos fundimos en un instante y permanecemos, pero luego nos separamos como el agua y el aceite. (*Silencio*) Tú lo sabes, siempre lo has sabido. Somos como la luna y el sol del verano, que están juntos por unos momentos, pero su sino es separarse y perderse cada uno en su mundo, ese mundo conocido y estable que nos devuelve a la rutina, esa que nos pesa como una losa y que nos aplasta hasta casi dejarnos sin respiración.

(*Hace como que contesta al teléfono. Habla con indiferencia.*)

Mujer: En casa, como siempre. Sí, ya sé que puedo salir cuando quiera, pero ¿a dónde? ¿De compras? No todo es gastar dinero. Sé que puedo gastar todo lo que quiera, pero eso no me hará más feliz. No, no soy feliz. ¿Por qué? (*Grita*) ¡¿Me preguntas por qué?! Tú sabes muy bien el porqué. Cuando nos conocimos sí éramos felices, pero pronto comenzaste a cambiar, a transformarte tan despacio que casi no me di cuenta y cuando lo hice ya era demasiado tarde. Sí has cambiado, tanto, que ya ni te conozco. Me engañaste. ¡Sí, me engañaste! ¡Sabes que me engañaste! Te pusiste un disfraz del que me enamoré como una loca adolescente y ese disfraz te lo has ido quitando hasta que solo ha quedado lo que realmente eres. Un ser frío, distante y violento. Un monstruo, un maldito monstruo. ¿Qué no te llame monstruo? ¿Qué eres entonces? (*Grita*) ¡¿No son los monstruos los que aterrorizan, los que agreden, los que insultan y los que vejan?! (*Silencio*) No, no, no, no me digas que me quieres porque no es verdad. ¡No! ¡No es verdad! ¡Maldita sea, no es verdad! (*Silencio*) No, no estoy llorando. Ya no me quedan lágrimas, estoy reseca como un tronco podrido al que solo le espera que se lo coman los bichos. (*Se ríe a carcajadas*) ¿Que podemos empezar de nuevo? ¿Qué podemos empezar? Ya no queda nada que empezar. ¿Nuestro amor? ¿Qué estás diciendo? No, Julián, nuestro amor está muerto. Se está pudriendo en algún rincón de esta casa. Tú lo mataste. Tú eres su asesino y su enterrador. Sí, Julián, tú te encargaste de matar el amor incondicional que sentía por ti, tú excavaste su tumba y lo enterraste sin contemplaciones. (*Silencio*)

¿Otro? (*Silencio*) ¿Un amante? ¿Tú qué crees? No grites, Julián, no grites. Tus gritos ya no me asustan. No, tampoco tus puñetazos, ni tus patadas. No, ya no. ¿Vas a matarme? Ya me has matado. Ya estoy muerta. (Hace como que *cuelga la llamada y a los pocos instantes vuelve a hablar*)

Mujer: Te corto las veces que me da la gana. Ya no aguanto tus amenazas. Sí, soy tu mujer, pero solo en los papeles. ¿Solo tuya? No, Julián, yo no soy de nadie. No tengo ningún dueño. Ninguno. Ya me has dicho que me vas a matar. Aquí te espero, sentada. Lo sé, soy una puta, pero no tu puta. Eso se acabó hace mucho tiempo. Puedes gritar todo lo que quieras. ¿Que vas a cambiar? ¡Eres un puto enfermo! ¡Lo oyes! ¡Un puto enfermo que disfruta agrediéndome! Claro, ya no te acuerdas de las palizas; no, ya no. Yo las recuerdo perfectamente y tengo cinco o seis cicatrices que me lo recuerdan cada día. ¿No eras tú? ¿Quién entonces, Julián? (*Grita*) ¡¿Quién?! No, el alcohol no. Eres un monstruo. ¿Ya no te acuerdas que me ibas a matar? O tuya o de nadie. Esa es tu frase. Tengo que cortar. Tengo otra llamada. ¿De mi amante? Sí, claro, es mi amante.

(*Sonríe, se sienta en el sillón y hace como que contesta otra llamada*)

Mujer: ¿Qué tal? ¿Yo? Sobrevivo. Acabo de hablar con mi marido. Sí, el cabrón. (*Vuelve a sonreír,*) Nunca mejor dicho. No, no me ha vuelto a pegar, pero me insulta un día sí y otro también. Sí, sé que eso es maltrato, pero ahora soy inmune. Creo que me he convertido en una piedra. Tengo ese superpoder. Cuando entra por la puerta, me convierto en una piedra fría y dura a la que no le afecta nada de nada. Tienes razón. Hace mucho tiempo que tenía que haberlo denunciado. ¿Que un día me matará? Vivo con ello todos los días sin saber cuándo lo hará. Sí, algún día cumplirá su amenaza. (*Silencio.*) ¿Cómo que te vas? Pensaba que era un farol ¿A dónde? ¿Cuándo? ¿Mañana? ¿A Roma? (*Silencio.*) ¿Y lo nuestro? Sí, lo nuestro. No eres solo mi juguete sexual. No, no lo eres. Eres algo más, pero me encanta cómo me haces el amor. Eso también es importante; no solo se vive de amor puro. Yo soy muy sexual y necesito satisfacer esa parte de mí. Sé, que lo sabes. Nadie me ha hecho sentir lo que tú me haces sentir. Eres distinto. Sin embargo, te quiero. Diría más, creo que estoy enamorada de ti. No, no puedo irme contigo. Sabes que no puedo. Nadie me ata. No, él no me ata. (*Silencio.*) (*Se levanta del sillón.*) ¡Te digo que no me ata! ¡Podría irme cuando quiera, pero no lo voy a hacer! No, no es eso, no es eso! ¡No eres un muerto de hambre! ¡No me digas eso! No, por favor, no me digas eso. Tú me importas mucho, quizás demasiado. Es cierto, pero no puedo dejarlo todo e irme así sin más. Hay cosas que hay que pensar bien y esa es una de ellas. Quédate, no te vayas. ¿Mario? ¿Mario?

(*La mujer mira el teléfono y habla.*)

Mujer: ¡Cógelo, cógelo, Mario! No me dejes así. Por favor, Mario, cógelo. (*Mira el móvil, lo deja junto al portátil y se sienta. Coge el ratón y activa la pantalla.*) Sí, al final tenías razón. Soy una cobarde, pero ¿qué puedo hacer? ¿Dejarlo todo e irme contigo? Eso me dice mi corazón. Me lo repite cada noche desde que te conocí. Desde que cierro los ojos tu imagen aparece en mi cabeza y me abraza hasta que me quedo dormida. Sé que sería muy feliz contigo, sin embargo no puedo. Tú eres una hoja al viento que no sabe dónde irá a caer; él es un ancla que me mantiene con los pies en la tierra. Sí, él me quiere, a su manera, pero me quiere. El otro día me lo juró de rodillas después de darme una cachetada. Se le cambia el carácter cuando viene con una copa de más. Es que los celos le pueden. Por eso casi ni salgo, porque no quiero líos. Cuando no tiene copas, es un sol de hombre, incluso, cuando está de buen humor, hasta hace de comer. De ese hombre me enamoré. Eso ya no me importa. Te lo dije; soy una piedra. Ya no siento ni padezco. Podría irme contigo mañana mismo, pero sé que más pronto que tarde regresaría con él. Lo nuestro fue bonito mientras duró.

(Cierra el portátil de un golpe, se levanta, coge el teléfono y habla.)

Mujer: ¿Julián? Sí, lo sé cariño. No, no lo volveré hacer. Lo hice para molestarte. No, no tengo ningún amante. Sabes que me gusta oírte y sé que eso te molesta. Claro, tú eres el único hombre de mi vida. No tengas en cuenta lo que te dije antes. Sí, sé que muchas veces me lo merezco. Ya lo sé, sé que me quieres y que muchas veces pierdes la cabeza, porque no puedes ni pensar en verme con otro hombre. Ven a casa, te estaré esperando, como siempre. Yo también te quiero. Sé que algún día cambiarás, lo sé. Hasta ahora, Julián. *(Mira al público muy seria.)* Fin.

(Se vuelve a sentar, trastea con el teléfono y hace una llamada. Esta vez se oyen los tonos.)

Mujer: ¿Ale? Sí, ya lo tengo. Lo acabo de terminar. Es un texto que creo que te gustará. Te lo envío desde que lo pase a texto. Sabes que me gusta interpretar y grabarlo con el audio del móvil. Me gusta meterte en el papel. Sí, sé que soy dramaturga, pero antes fui actriz y así es como trabajo. Vale, esta noche te lo envío. No te preocupes. Llegaremos a tiempo.

«Al final tenías razón. Nunca cumplo lo que prometo, pero qué puedo hacer. ¿No es la vida un reguero de promesas incumplidas, de mentiras piadosas para seguir sobreviviendo en este mundo que nos ha tocado vivir?»

(Oscuro.)

Vendo o alquilo corazón

Protagonistas:

Adolfo

Mujer

(En una cocina está sentado un hombre que se llama Adolfo. Son las tres de la mañana. Adolfo está en calzoncillos y con camisa blanca de asillas. Está sentado en una mesa pequeña. Encima de la mesa hay un vaso de agua medio lleno, en el que ha puesto una pastilla efervescente de paracetamol de un gramo. Está leyendo un periódico viejo. Habla solo.)

Adolfo: *Cada día los anuncios por palabras se parecen más a un puticlub. Ya no se cortan un pelo. Van a saco. Los muy cabrones saben que ahí tienen un filón. Siempre habrá tíos dispuestos a pagar por un buen polvo y qué mejor que la prensa local para mostrar la mercancía de tu ciudad. Ya te digo, a huevo. Y el puto gobierno no son capaces de meterle mano y se rasgan las vestiduras porque las putas están en las calles. Putos hipócritas. (Sigue con el dedo índice los anuncios y lee algunos en voz alta) «Yaiza canaria gordita. Mamadas alucinantes, 20 pavos.» «Abuela cariñosa, cachonda. Francés y griego.» Esta sabe idiomas. «Chochito lindo. Calentito. 25 euros.» Muchos dicen que se deberían prohibir estos anuncios, pero el negocio es el negocio. La pela es la pela.*

(Deja el periódico sobre la mesa, coge el vaso y se lo bebe en varios sorbos.)

Adolfo: *Agggg, ¡Joder! Esto sabe a demonios, pero es santo remedio para la resaca porque esta noche me pasé con los cubatas. Como casi siempre. ¿Cuántos fueron? Por lo menos diez y además cuestan un ojo de la cara y parte del otro. Ya no se puede salir de marcha, coño. De cien pavos no baja el sablazo y todo para ver si te llevas a una tía al huerto y viendo los precios de las tías aquí, no sé qué me saldrá más rentable, aunque uno tiene su corazoncito y se tiene que batir el cobre en una discoteca hasta las seis de la mañana.*

(Vuelve a coger el periódico. Sigue leyendo los anuncios por palabras guiado por el dedo índice y se detiene en uno)

Adolfo: *¿Vendo o alquilo corazón? ¿Qué es esto? ¿Una tía que vende o alquila su corazón? ¡Joder! El mundo está cada día más loco. ¡Coño! Si hasta tiene teléfono.*

(Coge el teléfono y marca el número. Se oyen los tonos en off. Nadie responde. Deja el teléfono en la mesa y al poco, lo vuelve a coger y marca. Se vuelven a oír los tonos, se oye la voz de una mujer en off, con la voz ronca y como acabada de levantar.)

Mujer: *¿Quién coño es?*

Adolfo: *Llamaba por el anuncio.*

(Silencio)

Adolfo: ¿Oiga? ¿Sigue ahí?

Mujer: ¿Usted sabe qué hora es?

Adolfo: Sí, bueno, un poco tarde. Las tres de la mañana.

Mujer: Sí, joder, las putas tres de la mañana.

Adolfo: Perdone, perdone. Yo llamaba por el anuncio.

Mujer: ¿Qué puto anuncio?

Adolfo: Sí, el anuncio que vendía o alquilaba un corazón. Es que me pareció muy curioso y por eso la estoy llamando.

(Silencio)

Adolfo: ¿Oiga?

Mujer: Ahhh, el anuncio, pensaba que ya lo habrían quitado.

Adolfo: Bueno, lo he leído en un periódico viejo. Lo tenía por aquí. No sé porque no lo he tirado a la basura y mientras hacía tiempo para irme a dormir, pues vi el anuncio.

(Se oye en off el tintinear inconfundible de dos cubitos de hielo que caen en un vaso y el sonido de un líquido llenando el vaso.)

Mujer: *Eso pasa no solo con los periódicos viejos. Nos pasa con todo lo viejo. Nos cuesta desprendernos de lo que ya no nos sirve. Así nos vamos llenando de trastos que no sirven para nada y al final solo tenemos un montón de mierda.*

Adolfo: *Ya sabes eso que dicen, el que guarda siempre tiene mierda.*

Mujer: *¿Cómo te llamas?*

Adolfo: *Adolfo.*

Mujer: *Tienes un nombre muy histórico y para algunos de infausto recuerdo.*

Adolfo: *¿Y tú cómo te llamas?*

Mujer: *Llámame mujer. Con eso bastará.*

Adolfo: *¿Mujer? ¡Qué impersonal!*

Mujer: *Sí, muy impersonal, pero a estas alturas de mi vida todo es muy impersonal. Cuando tenemos cierta edad todo se va volviendo más indiferente, aprendemos a vivir marcando las distancias para que solo nos afecte lo mínimo y que el mundo nos vaya resbalando un poco. Con los años ves el mundo desde cierta distancia No sé si me entiendes. En esta puta sociedad lo impersonal está de moda. ¿Tienes Facebook o WhatsApp?*

Adolfo: *Sí, claro, ¿quién no tiene un Facebook hoy en día o quién no usa el WhatsApp?*

Mujer: *Pues el Facebook es el adalid de lo impersonal. Tenemos un montón de amigos a los que no les vemos la cara nunca o casi nunca. No los sentimos, no los tocamos, no los miramos, solo nos dedicamos a darnos un me gusta y San Seacabó. ¿Comprendes? Zuckerberg lo tuvo muy claro desde el principio, hizo un diagnóstico certero de nuestra sociedad y creó el Facebook que es el máximo exponente de lo impersonal.*

Adolfo: *Mujer, visto así, tienes razón, el Face es muy impersonal, pero también ayuda a conocer a otras personas y eso es muy importante.*

Mujer: *Tengo edad suficiente para tener cierta perspectiva y saber que la sociedad ha cambiado mucho, tanto que ya no la conoce ni la madre que la parió. Aún recuerdo cuando, en mi barrio, nos saludábamos, nos parábamos a hablar con el vecino, ¿lo recuerdas? No, tú eres un pibe joven, se te nota en la voz. Ahora vives en un edificio, rara vez conoces al vecino que vive en tu misma planta y no te digo nada de los que viven encima o debajo* de ti. Te importa una mierda lo que les pase, solo te preocupas por ellos si ruedan una silla o ponen la música muy alta.

(*Silencio. Se vuelve a oír el sonido del hielo al caer en un vaso*)

Adolfo: *¿Qué bebes?*

Mujer: *Este es el segundo güisqui de esta noche.*

Adolfo: *Yo te gano por goleada. Esta noche me he bebido algunos más y me cogí una buena.*

Mujer: *Yo no pararé hasta que no pueda sostener el vaso en la mano y cuando no pueda con él, lo dejaré caer al suelo porque no tendré fuerzas ni ganas para recogerlo. Así somos los alcohólicos. Bebemos hasta caer en coma. No podemos parar, tenemos que alimentar al bicho, a ese demonio que llevamos dentro que nos devora cada día un poquito más.*

(*Silencio*)

Adolfo: *¿Y cómo te dio por vender o alquilar tu corazón?*

Mujer: *Porque estaba más sola que la una y necesitaba estar con alguien, compartir mi vida, salir del tedio cotidiano en que se había convertido mi vida y también ganar algo de dinero.*

Adolfo: *¿Y te llamaron?*

Mujer: *Sí, tuve muchas llamadas y la mayoría eran tipos que querían sexo por dinero. Pensaban que era una puta. No querían entender que yo solo vendía o alquilaba mi corazón, no mi cuerpo. ¿Tú qué pensaste cuando leíste el anuncio?*

Adolfo: *Tu anuncio está rodeado de señoritas que venden sus servicios y, claro, por analogía, uno puede pensar que tú también estás por lo mismo. Además alquilar o vender suena un poco raro, ¿no crees?*

Mujer: *Sí, es un poco raro, pero ese era mi objetivo. Lo logré alquilarlo por un tiempo y casi lo vendo, la oferta era muy tentadora, pero el comprador era un hijo de la gran puta, solo me quería para humillarme, y claro, a estas alturas de mi vida no estoy para eso, por muy bien que me paguen.*

Adolfo: *¿Estarías dispuesta a alquilarmelo? Solo por unos meses, últimamente estoy falto de cariño. Ya me entiendes. Y por supuesto nada sexual, solo necesito alguien con quien hablar, salir a pasear y salir a cenar alguna noche.*

(Silencio)

Mujer: *Llegas tarde, corazón, se lo alquilé a un tipo hace más de seis meses y me enamoré perdidamente de él. Al final era un* *capullo sin escrúpulos y me lo rompió en mil pedazos. Todavía ando buscando sus trozos en los fondos de todas las copas que me bebo y en las que aún me quedan por beber.*

Adolfo: *Ahh, lo siento mucho.*

Mujer: *Eso pasa cuando crees que jamás podrás amar. Yo me equivoqué, porque me enamoré hasta las trancas del hijoputa ese y cuando se dio cuenta, se acabó el negocio y me dejó tirada como una colilla. Ahora soy una alcohólica que ahoga sus penas en un güisqui on de rock.*

(Silencio. Se vuelve a oír el tintinear de dos cubitos de hielo que caen en el fondo de un vaso y el posterior sonido de un líquido.)

Adolfo: *Quizás podíamos quedar para tomar algo y conocernos en persona. ¿Qué te parece?*

Mujer: *No, amigo, no quiero conocer a nadie. No me apetece. Estoy muy bien como estoy. No quiero compartir mi vida de mierda con nadie.*

Adolfo: *A lo mejor necesitas ayuda, no sé, ¿por qué no llamas al Teléfono de la Esperanza o vas a Alcohólicos Anónimos? Ellos te pueden ayudar.*

(Se oye una ronca y gran carcajada de casi treinta segundos.)

Mujer: *¿Al Teléfono de la Esperanza? (Vuelve a soltar una carcajada.) ¿A Alcohólicos Anónimos? Es lo más bueno que me han dicho en mucho tiempo (Sigue riéndose.) Hacía mucho tiempo que no me hacían reír tanto. El teléfono de la Esperanza (Sigue riendo sin parar. Luego deja de reír y se queda en silencio.) Yo ya no tengo esperanza, amigo. A mi esperanza la reventaron a patadas en un callejón oscuro. Ahora solo me interesan los chiripitiflauticos de Sálvame, de resto me importa todo una mierda. ¿Me entiendes?*

(Adolfo coge el periódico y lo dobla.)

Adolfo: *Solo quería ayudarte. Tengo la sensación de que lo estás pasando muy mal.*

Mujer: *¿Mal? Te has creado una imagen muy equivocada de mí. Estoy estupenda. Cuando te aceptas tal como eres, eres feliz. ¿A tí no te pasa?*

Adolfo: *Tú no eres feliz.*

(Silencio.)

Mujer: *(Gritando.) ¡Qué sabes tú de mí, gilipollas! ¡Soy muy feliz! ¡Muy feliz! Tú eres el puto cabrón que me ha llamado para que le alquilara mi corazón. ¡Tú eres el que no es feliz, gilipollas! ¿Lo has pensado? ¡Contesta! ¿Lo has pensado?*

(Silencio.)

Mujer: *(Gritando) ¿Quién está a las tres de la mañana más solo que la una, buscando en una puta con la que echar un polvo? ¿Quién es el que llama a una desconocida para que salga con él porque se siente más solo que la una? ¿Quién? ¡Tú, pasmaoo! ¡Tú! Yo ya me comí a mis demonios de primer plato y de postre todas mis miserias. He aceptado que soy un puta mierda pinchá en un palo y desde ese momento soy feliz. Ahora te toca a ti.*

(Silencio)

Adolfo: *Oye, no te pases. No te he faltado el respeto. Solo quería ayudarte, porque escucho y siento que estás muy mal. Solo hay que oírte.*

Mujer: *No necesito tu ayuda. Guárdatela para ti y piensa en lo que te he dicho. Hazte preguntas, seguro que encontrarás respuestas y llama tú al puto Teléfono de la Esperanza. Hasta nunca.*

(Se oye como la mujer corta la llamada y en off el típico sonido de que se ha cortado la comunicación. Silencio. Adolfo pone el teléfono encima de la mesa. Se levanta, coge el periódico lo arruga con rabia y luego lo rompe en muchos pedazos. Se vuelve a sentar y llora sin poder contenerse. Oscuro.)

Yo no maté al Ulises

(Un salón de un piso de estudiante, totalmente desordenado, con el sonido de la televisión que se oye en off, pero que no se ve en la escena. Un joven estudiante universitario está sentado en uno de los sillones del salón. Tiene en sus manos un ejemplar del Ulises de James Joyce. Se levanta. Lo mira con escepticismo, hace una mueca de desaprobación con la boca, lo abre por el principio y lo cierra de un golpe.)

Romario: *¿Cuántos te han leído, Ulises? ¿Cuántos han sobrevivido a la ciénaga que ocultan tus páginas, a la maraña de tus tramas y a la locura absoluta de tus infumables capítulos? Sí, ya lo sé, muchos dicen que lo han hecho, pero sabes que muchos mienten, porque tú sabes que no es cierto. Esos son unos mentirosos, esos que enarbolan la bandera de (eleva el tono de voz) «yo he leído al Ulises». Sí, sé que estás contento. Nunca pensaste que se iba a hablar tanto de ti. Después del Quijote, eres el segundo libro con más intentos de ser leído, pero por lo menos el Quijote se deja leer, se deja querer y su narración tiene un sentido, un camino que recorrer. Sin embargo, tú eres un galimatías que solo los eruditos dicen entender. (Silencio.) Sí, lo sé, eres un tipo famoso. Tienes miles de páginas web de autoayuda para intentar entenderte. Sí, lo has oído bien, autoayuda para llegar al final de tus páginas y posteriormente entenderte. Incluso tienes un WikiHow que se llama «Cómo leer el Ulises». Un WikiHow. ¡Hay que joderse! Ni el Quijote, amigo, ni el Quijote. (Se sienta en el sillón y deja el libro en el suelo.) Es que no podía ser de otra manera. ¿Tú te has preguntado por qué hay tanto lío contigo? ¿Por qué a una novela hay que hacerle un WikiHow para poder leerla y luego entenderla? ¡¿Dime solo una?! No, no la vas a encontrar. Sí, eres un ladrillo, asúmelo. ¿Tú te has leído? ¿Has intentado comprender lo que hay escrito en tus páginas, sin caer* *en una profunda depresión? ¿Sin quedarte paralizado en las arenas movedizas de tus páginas? ¡Dime! (Grita.) ¿Lo has intentado? No, ya sé que no. Tú no puedes leerte a ti mismo. Habrá que preguntarle al señor Joyce, que se estará descojonando de la risa en su tumba, viendo como los humildes lectores caen y vuelven a caer en tus pantanosas letras, intentando entrar en la élite, en ese grupo de afortunados que han logrado llegar al final de la novela paradigma, sin morir en el intento. Pensándolo fríamente el asunto tiene su retranca. Una novela que se llama novela, que casi nadie puede terminar de leer y algunos no pueden pasar de las primeras cincuenta páginas. ¡Coño! ¡La novela surge para entretener al lector, no para que se duerma o acabe harto a las primeras de cambio! Pero tú eres un paradigma y eso dice mucho de ti. Da igual que aburras hasta la muerte a tus lectores; ¡tú eres un paradigma! Sí, te queda muy bien.*

(Vuelve a coger el libro. Silencio.)

Romario: *Solo he podido con cincuenta de tus páginas y la semana que viene tengo que entregar un trabajo. ¿Te parece gracioso? Yo me parto y me mondo. Ayer llamé a mi compañero de facultad, Manolo, y él tampoco ha podido contigo, no se ha leído ni una sola línea. ¿Oíste? Ni una sola línea. Me dijo que había oído que eras un peñazo y que no iba a perder el tiempo contigo. Él es más pragmático y el trabajo se lo bajará de Internet. Ya sabes, el clásico copia y pega de toda la vida. Dice que hay muchos trabajos sobre ti en la red, que cogerá el primero que encuentre y lo reescribirá. Le he dicho que está loco, pero me dice que él tiene mucha inventiva y que se le da bien escribir. Manolo es un temerario, porque el DoctorNo es un cabrón con patas y subirá todos los trabajos que se le presentemos, a uno de esos programas que rastrean los plagios y los que se copien no aprobarán la* *asignatura en este milenio y lo hará porque tú eres, para él, súmmum de la literatura europea. (Silencio.)*

Sí, sí, es verdad, el DoctorNo los tiene bien puestos. Él si te ha leído. Incluso tiene un puto libro sobre ti. ¿Te lo puedes creer? Otro peñazo como tú, tu primo hermano, en el que viene a explicar por qué eres un paradigma literario. El otro día lo saqué de la biblioteca para ver qué podía sacar en claro y no hay por dónde cogerlo. (Silencio.)

Yo es que no puedo hacer como el Manolo. No me gusta copiar. No sé, me parece como si me estuviera engañando a mí mismo y eso no me gusta nada. Nunca he copiado, nunca. ¿No te lo crees? ¡Pues nunca he copiado! Una vez, en sexto de primaria, hice una chuleta con la clasificación de los invertebrados, pero nunca la utilicé. Me sudaban las manos y el corazón casi se me sale por la boca. No, nunca me he copiado, ni siquiera he escrito un mísero nombre en la palma de mi mano. Sin embargo, viendo el panorama, no sé si al final tendré que tirarme en brazos de Don Plagio para salir airoso de este atolladero. Podría hacer lo que dice Manolo, bajarme algunos resúmenes de Internet, luego hacer un mix escrito con mis propias palabras y memorizar algunos puntos, por si el DoctorNo se le ocurre hacerme alguna pregunta, pero si hago eso, tendré que hacerlo muy bien, que no se note que he hecho una composición de copio y pego.

(Abre la novela por el centro y habla.)

Romario: *Manolo me dijo que llamara a la Bombera. Se llama Auxiliadora. Ya sabes que las facultades todos tenemos un apodo. Ella es la empollona de la clase. No baja de matrícula de honor. Ella sí te ha leído. Dice que eres instructivo. Qué aprendió mucho al leerte, pero yo sé que es una impostura, que lo dice porque* *queda bien y busca otra matrícula de honor para su inmaculado expediente académico. Le he pedido que me pase su trabajo para tenerlo como guía y la muy cabrona se ha negado en redondo. Lógico. Ella nunca permitirá que le copien un trabajo. Me ha preguntado que si te he leído y no he podido engañarla. Le he dicho que tus soporíferas cincuenta páginas. Me comentó que es cuestión de técnica de lectura. ¿Técnica de lectura? Yo solo sé una manera de leer una novela y contigo no hay manera. No hay por dónde cogerte. Que es cuestión de planteamiento y de perspectiva, me dice. (Cierra el libro y le da varias vueltas como si estuviera buscando una perspectiva distinta.) Que tengo que aprender a darle la vuelta a los problemas. ¡¿A los problemas?! (Eleva el tono de voz.) ¿A qué problema? Sí, me lo dijo. Que tengo un problema contigo. (Silencio.) Pero, ¿quién coño no tiene un problema contigo, Ulises? ¿Quién? ¿Quién no se ha quedado paralizado al leer tus primeras páginas y gritar de desesperación: esto qué coño es, una novela? Después me suelta que no, que no eres una novela, que tengo que tratarte como un ensayo novelado porque no hay otra manera de leerte, que ese es el único camino. Asúmelo, me dijo la Bombera, no vas a disfrutar leyendo al Ulises. Como si hubiera descubierto la vida en Marte. Lo supe desde que leí la primera página y enterré mis pies en tus arenas movedizas y no pude seguir avanzando.*

Ella insistió en que tengo que cambiar de perspectiva para poder culminar tu lectura y me dijo que te leyera como un ensayo, a ti que eres un paradigma contemporáneo de la narrativa. Sí, al final me lo dijo; que te leyera como si fueras un simple libro de texto. (Grita.) ¡¿Lo has oído, Ulises!? ¡¿Lo has oído?! ¡Un simple libro de texto! (Tira el libro al suelo.) ¿Qué pensaría el DoctorNo si supiera que su más brillante alumna piensa eso de su vellocino de oro? Sí, que eres un simple libro de texto. No hay nada más allá. Aquí se acaba la historia.

(Se levanta, vuelve a coger el libro y lo abre donde tiene el marcapáginas.)

Romario: *En esa estamos, querido Ulises, tú y yo, yo y tú. Entonces, técnicamente eres una novela, pero no hay que leerte como tal, sino como una exégesis de la narrativa actual y lograr llegar a tu última página con éxito. Luego encontrar un buen manual, como el del DoctorNo, para extraer los mensajes que ocultan tus páginas y llegar a entender qué quiso decir el insigne James Joyce cuando te escribió.*

Sí, amigo Ulises, está decidido, no te dejaré en la estacada, me armaré de valor, cogeré el machete para atravesar y salir vivo de tus selvas, me calzaré mis mejores botas para subir las cimas inexpugnables de tus cumbres literarias, atravesaré tus ciénagas, intentando no ahogarme con el fango de tus palabras e intentaré llegar a la última costa del universo desconocido de tus páginas.

(Se sienta en el sillón y comienza a leer en voz alta un pasaje del Ulises.)

«Un té ahora. Se sentó, cortó y untó con mantequilla una rebanada de la hogaza. Recortó la carne quemada y se la tiró a la gata. Luego se llevó un tenedor lleno a la boca, y masti-có con discernimiento la carne tierna y gustosa. En su pun-to. Un sorbo de té. Luego cortó dados de pan, sopó uno en la salsa y se lo metió en la boca. ¿Qué era eso del joven estu-diante y de la merienda?»

(Oscuro.)